Freewriting

FINDE DICH SELBST!
DIE 26 TAGE CHALLENGE

Katja Darkow

Bibliografische Information der Deutschen
Nationalbibliothek: Die Deutsche Nationalbibliothek
verzeichnet diese Publikation in der Deutschen
Nationalbibliografie; detaillierte bibliografische Daten
sind im Internet über dnb.dnb.de abrufbar.

Herstellung und Verlag:

BoD – Books on Demand, Norderstedt

ISBN: 9783746066738

Unsere Gedanken & Gefühle von Gestern bestimmen das Heute und bewirken das Morgen.

INHALT

INHALT

FINDE DICH SELBST!

Fragst du dich manchmal auch, wer du eigentlich bist? Sind deine Träume irgendwo auf dem Weg verloren gegangen oder hast du bisher nie gewagt zu träumen? Wünschst du dir manchmal einfach irgendjemand anderes zu sein? Fühlst du dich immer öfters wie in einem Hamsterrad? Du läufst und läufst, aber kommst einfach nicht an. Wünschst du dir dem täglichen "Spießrutenlauf" den Rücken zu kehren und einfach auszusteigen? Fragst du dich immer mehr:

"Wer bin ich?" und
"Wo will ich überhaupt hin?"

Dann ist die 26 Tage Challenge genau das Richtige für dich und du darfst deiner Intuition, welche dich dazu geführt hat diese Zeilen hier zu lesen, vertrauen.

Du wirst Antworten finden!

WARUM DIESER GUIDE?

Die Kurzantwort? ... um dir zu helfen.

Ich möchte dir mit diesem Step-by-Step Guide ein effektives Werkzeug in die Hand geben, welches dir ermöglicht dein Leben so zu verändern, wie du es dir von Herzen wünschst. Dafür ist es nötig zu wissen, wer man überhaupt ist. Ab einem bestimmten Punkt im Leben stoßen wir wohl alle auf die berühmten "Sinn Fragen" des Lebens. Wenn wir nicht wissen, wer wir selbst sind und was für einen Sinn unser Leben hat, dann gleicht unser Dasein dem eines Hamsters in seinem Laufrad. Wir laufen und laufen und kommen einfach nicht an. Ich war so ein Hamster und egal für welche Richtung ich mich auch entschied, ich lief im Dunkeln. Der Schmerz der Vergangenheit hat mein Leben bestimmt. Geboren und aufgewachsen unter der Macht Narzisstischer Gewalt wurde der Grundstein für meinen persönlichen Teufelskreis an Destruktivität gelegt. Die Wunden von Emotionalem und sexuellem Missbrauch haben sich in meine Seele gebrannt. Im Laufe der Zeit wurden die daraus resultierenden negativen "Programme" meines Unterbewusstseins zu meiner täglichen Realität. Bis ich den Punkt erreicht habe, an dem mich das Leben forderte "hinter die Kulissen" zu schauen. Ich musste erkennen, das sich die "Themen" meiner Kindheit, von Situation zu Situation wie ein roter

Faden durch mein Leben zogen. Meine Innenwelt spiegelte sich in meiner Außenwelt und in dieser war ich nur ein Schatten meiner Selbst.

Auf meinem Heilungsweg habe ich gelernt den toxischen Kreis der Destruktivität zu brechen und mich von den Fesseln der Vergangenheit zu befreien. Heute lebe ich in Einklang mit meinem wahren Selbst und dem Bewusstsein das giftige "Erbe" meiner Ahnenreihe nicht an die nächste Generation weiterzugeben. Das intensive Ergründen des pathologischen Narzissmus hat mir geholfen den Ursprung, das Verhalten und die Motive meiner Herkunftsfamilie zu verstehen. Weiteres Wissen aus den Neurowissenschaften, kognitiven Therapieverfahren, Ansätze der Tiefenpsychologie nach C.G. Jung und Sigmund Freud, Erkenntnisse der Quantenphysik, spirituellen Themen sowie Methoden des kreativen Schreibens, haben mir letztendlich die Fähigkeit gegeben meine Wunden zu heilen und den Menschen zu verzeihen die mir Schmerzen zugefügt haben. Mit dem Verstehen meiner eigenen Geschichte, ist mein Herzenswunsch entstanden anderen Menschen auf ihrem Weg zu helfen.

In dieser Challenge werden wir für 26 Tage in das Leben eines Schriftstellers eintauchen und dabei dein wahres Ich finden! Schriftsteller sind intuitiv und folgen ihrem Bauchgefühl. Aber auch sie brauchen ein wenig Hilfe um einen kreativen Schreibprozess "in Gang zu bringen". Aus diesem Grund haben verschiedenste Autoren im Laufe der Zeit Techniken entwickelt, um in den Kontakt mit ihrem Unterbewusstsein zu kommen. Einen Zugang zu ihrer Intuition zu finden und ein Gefühl für ihre innere Stimme zu entwickeln um Visionen und Ideen aufzu*Spüren* für ihre Schreibarbeit. Diese sowie weitere Techniken sind in der Challenge so ausgearbeitet, das sie dich Schritt für Schritt "hinter die Kulissen" führen. Ich begleite dich mit meinem Wissen und eigenen Erfahrungen durch diesen Prozess und helfe dir dein authentisches Selbst zu finden.

DU "KANNST NICHT" SCHREIBEN ?

Kein Problem! Es geht auch nicht darum einen Roman zu schreiben oder den perfekten druckreifen Text zu kreieren. Du schreibst für Dich ganz allein und sobald die ersten Worte deinen Fingern entspringen, dich eine "Welle" überkommt und du plötzlich beginnst Seite für Seite zu füllen ohne nachzudenken, dann ist die Ich-kann-nicht-Schreiben-Blockade bereits gefallen. Und wie durch Magie wird das Schreiben zu deinem „täglich Brot". Deiner Luft zum Atmen. Deinem Lebens-Ventil. Ja sogar, zu deinem besten Freund. Die Sorte Freund, der du alles sagen kannst. Der dir zuhört egal, was du zu sagen hast. Der deine Gedanken aufnimmt, ohne zu kritisieren und ein Ohr für Lust, Frust, Sorgen und Ängste hat. Ein Freund, der dich immer versteht auch dann, wenn du dich selbst nicht verstehst und das beste daran:

Dieser Freund ist immer für dich da. Das einzige was er braucht, sind Stift und Papier.

Also, los geht´s!

KEINE ZEIT ZUM SCHREIBEN?

Ja, wir sind alle "Busy Bees" und die Frage: "Wie zum Himmel nochmal soll ich das Schreiben in meinen Alltag quetschen...? Zwischen Arbeit, Kinder, Haushalt, Kochen und der ganzen anderen Verpflichtungen die täglich auf mich warten??" Ja, ich geb´s zu, das kann auf den ersten Blick überwältigend aussehen. Aber mit ein bisschen Kreativität lässt sich das Schreiben wie ein Netz um unser Alltagsleben weben. Ziel ist es, eine Schreibgewohnheit zu entwickeln. Das Schreiben (vorübergehend) in unseren Alltag als einen festen Bestandteil einzubauen. Das erfordert in den ersten Tagen zwar etwas Übung aber dann ist es wie mit dem Fahrradfahren. Was einmal drin ist, bleibt drin. Der Mensch ist schließlich ein "Gewohnheitstier".

Meist offenbart sich uns die Lösung für unser Zeitproblem erst beim näheren Hinsehen.

Geh deinen Tag durch. Wo könnten mögliche Nischen an Zeit sein? Gibt es ein bestimmtes Zeitfenster in deinem Tagesablauf den du (vorübergehend) zu deiner festen Schreibzeit machen kannst? Auch wenn es nur 30 min sind. Die Kontinuität ist das, was zählt, nicht die Minuten am Stück.

Zusätzlich zu deiner festen Schreibzeit gibt es auch zwischendurch Momente, die du für das Schreiben nutzen kannst z.b. morgens nach dem Aufstehen bei der ersten Tasse Kaffee (sehr effektiv im morgendlichem "Taumel Zustand") oder deiner Frühstückspause bei der Arbeit. Während du dein Brötchen genießt, nimmt dein Notizbuch deine Gedanken auf. Ewig lange Schlange an der Kasse im Supermarkt? Perfekt!.. Notizbuch raus. Kinder zum Tanzen, Fußball oder Musik gebracht? Prima, während deine liebsten Pirouetten drehen, Tore schießen und ihre Stimmbäder trainieren, hält dein Notizbuch deine Gedanken fest. Mit dem Hund Gassi gehen?.. Notizbuch raus oder das Icon "Sprachaufnahme" auf deinem Handy drücken. Feierabend? 5 min im Auto sitzen bevor du losfährst und Notizbuch raus. Mit dem Bus, Zug oder Bahn unterwegs? Notizbuch raus. Termine und Wartezimmer? Notizbuch raus. Endlich mal eine ruhige Minute im Bad? Richtig, Notizbuch raus. Kaffee am Nachmittag? Dein Notizbuch gesellt sich gerne zu dir. Raucherpause? Notizbuch raus, deine Lunge freut sich. Gähnend langweiliges Meeting? Dein Notizbuch bewahrt dich vor dem Einschlafen und dein Chef wird es dir danken!

ALLE GUTEN DINGE SIND 3

DEINE „WERKZEUGE"

1. Ein Notizbuch, ausgestattet mit Stift, Haftmarkern und ein paar Büroklammern. Von nun an deine persönliche Schatztruhe. Deine Welt. Deine Ideensammlungen. Dein geheimes Tagebuch. Dein Schuhkarton unterm Bett. Dein Tresor ... du verstehst schon. In dieses Notizbuch kommt alles rein, was dir buchstäblich ins Auge fällt; Wörter, Ideen, Bilder, Erinnerungen, Flashbacks, Filme, Songs, Träume, Freewrites, Morning Pages, Clusters, Gefühle, Fantasien, Erkenntnisse, Beobachtungen, Gesprächszipfel, Ereignisse, etc. Auch wenn dir Dinge noch so unwichtig erscheinen, rein damit. Wenn etwas deine Aufmerksamkeit findet, dann hat dies auch seinen Grund und aussortieren kannst du immer noch. Aber vielleicht hilft dir genau dieser eine bestimmte Zeitungsausschnitt, der deiner Aufmerksamkeit aus dir unerfindlichen Gründen nicht entgangen ist, deinen Wünschen und Träumen auf die Spur zu kommen. Oder ein Gesprächszipfel den du durch „Zufall" beim Vorbeigehen mitbekommst, erinnert dich an eine bestimmte Situation aus deiner Ver-

gangenheit, die dir plötzlich hilft bestimmte Aspekte deiner Selbst besser zu verstehen. Jede noch so kleine "Kleinigkeit" kann großes Bewirken auf dem Weg zu dir selbst.

2. Ein zweites Notizbuch für Unterwegs. Klein & handlich, welches locker in deine Jeans, Anzug oder Handtasche passt. Dieses kleine Büchlein ist ab sofort dein ständiger Begleiter so wie dein Handy, Portemonnaie und deine Schlüssel. In ihm kannst du alles notieren, was dir unterwegs in den Sinn kommt. Und wenn dir die Zeit für längere Sätze fehlt, reichen auch kurze Stichpunkte. Damit baust du dir innerhalb weniger Sekunden eine effektive Erinnerungsbrücke auf.

3. Die "Sprachaufnahme" Funktion auf deinem Handy. Prima um spontane Gedanken und Eingebungen festzuhalten wie z.b. plötzliche Bilder, Ideen, Erinnerungen, Flashbacks, Wörter, Visionen, Begebenheiten, Dinge die dir an Menschen oder Orten auffallen, etc. Die "Sprachaufnahme" Funktion ist immer dann gefragt, wenn du grad nicht schreiben kannst, z. B. beim Autofahren an einer roten Ampel. Am besten platzierst du dir das Icon direkt auf deinem Display, damit du es schnell griffbereit hast.

DAS „VERDAMMTE WEISSE BLATT"

Ich behaupte mal das jeder der Schreibt dieses "Problem" kennt. Aus persönlicher Erfahrung bin ich mit diesem Phänomen recht gut vertraut. Manchmal sitze ich vor meinem Notizbuch oder PC und die leere weiße Seite wird immer größer und größer ... Gedanken schwirren durch meinen Kopf aber es kommt einfach kein einziges Wort heraus. Die "Angst vor dem weißen Blatt" entsteht durch Druck. Wir setzen uns unter druck den "perfekten Satz" zustande bringen zu müssen, selbst für unser Tagebuch. Aber diese Problematik lässt sich beheben, wenn wir uns bewusst erlauben uns absolut frei ausdrücken zu dürfen. Schließlich geht es ja darum beim Schreiben, sich auszudrücken. Das was dich bewegt, deinen Gedanken und Gefühlen Ausdruck zu verleihen. Stell dir deinen Arm als eine Verlängerung deines Herzens vor. Was auch immer da raus möchte, findet den Weg über deine Finger die den Stift halten oder über die Tasten auf deinem Laptop. Wenn du dir klarmachst, dass niemand Kritik über das ausübt, was du schreibst und sogar dein eigener nerviger innerer Kritiker sich zu Papier bringen darf, dann nimmst du dir den Druck vom "Perfckt scin müsscn" und kannst cinfach drauflos schreiben.

Ein praktischer Trick die "Angst vor dem weißen Blatt" zu umgehen ist es erst gar nicht auf einer freien "weißen Seite" zu schreiben. Benutze schon beschriebene Blätter wie z. B. Rechnungen, Schmierzettel, Zeitungsränder etc. Wenn du dann deine Gedanken und Notizen auf das „weiße Blatt" überträgst, entsteht der ersehnte Schreibfluss von ganz allein.

WAS IST EIN FREEWRITE?

Im Freewriting (Freischreiben) erlauben wir uns frei zu assoziieren. Wir schreiben das erste Wort, welches uns „in den Kopf springt" auf und was auch immer wir daraufhin denken, schreiben wir weiter auf. Wir folgen dem Gedankenzug, ohne nachzudenken und schreiben alles an Gedanken und Gefühlen Wort für Wort auf. Roh und mit so vielen Rechtschreibfehlern wie nötig, solange du es später noch "entziffern" kannst, ist alles prima. Am Anfang kann sich das ganze vielleicht etwas komisch anfühlen, es ist ungewohnt die eigenen Gedanken Wort für Wort „einzufangen" und zu Papier zu bringen. Aber gib dir einen Ruck und schreibe einfach ohne nachzudenken wie ein „D-Zug" durch. Du wirst sehr oft überrascht und nicht selten erstaunt sein was ein Freewrite so alles ans "Tageslicht" bringen kann.

Freewriting kann ein Ventil sein für all die Dinge die uns Belasten. Bewusst sowie unbewusst. Das Schreiben hilft uns einen Zugang zu unserer Innenwelt zu schaffen um die „Themen" die uns davon abhalten das Leben zu leben nach welchem wir uns sehnen, zu finden. Wir können diese Methode des Schreibens als ein Werkzeug ansehen mit der wir die Felsbrocken beseitigen, welche uns auf dem Weg zu unserem wahren Selbst, hindern.

Freewriting kann ein sehr emotionaler Prozess sein (vor allem, wenn du eine schmerzhafte Kindheit hattest) aber hab keine Angst vor diesem Schritt. Unser Unterbewusstsein, Seele, Geist und Körper sind ein cleveres Team und geben immer nur so viel "Preis" wie wir auch fähig sind zu managen. Auch wenn wir manchmal glauben wir könnten mit all dem nicht umgehen, wenn unser Unterbewusstsein eine Information „freigibt", dann ist es auch davon überzeugt, dass wir es schaffen werden, diese Information zu verarbeiten. Also Kopf hoch und hab vertrauen in deine eigenen Kräfte. Wenn dich Tränen überkommen oder du einen Cocktail an Gefühlen aufkommen spürst; ist das Ok! Du darfst weinen und du darfst deinen Gefühlen Ausdruck verleihen. (Wutausbrüche bitte an einem Kissen auslassen! Nicht an dir selbst oder einer anderen Person! Mehr dazu in „Wenn du dich down fühlst" und „Hier findest du weitere Hilfe"). Die Themen die mit dieser Challenge an die Oberfläche kommen, sind die Blockaden die dich davon abhalten dich selbst zu finden und zu lieben. Dieser Schmerz hindert dich daran, das Leben zu leben, welches du dir wünschst oder von dem du bisher nicht einmal gewagt hast zu träumen.

Es sind unsere Wunden, die sich wie dunkle Blätter um unser inneres Licht gelegt haben und uns in Dunkelheit laufen lassen.

WIE SCHREIBE ICH EINEN FREEWRITE?

Lass die Wörter „herauspurzeln". Schreib einfach alles auf, was auch immer dir durch den Kopf wandert. Gedanken, Gefühle, Visionen, Beobachtungen, Erinnerungen, etc.

Ein Beispiel aus meinem Notizbuch:

„Ich schaue aus dem Fenster und sehe einen großen schönen prächtigen Baum. Er ragt höher, als das Haus, in dem ich wohne. Ich liebe Bäume, überhaupt die Natur, obwohl ich früher eher zu der Kategorie „Stubenhocker" zählte. Ich lausche oft dem Wind, der durch die Blätter huscht, das gibt mir ein Gefühl von Freiheit. Aber gestern im Wald; Überall abgesägte Baumstämme, Meterhoch gestapelt. Die Kettensäge in der Ferne zu hören. Energie auftanken gleich null. Massenabholzung, Papier Verschwendung, Müllproblem, riesengroße Plastikstrudel die durch unsere Meere ziehen. Klimakatastrophe etc. Mutter Natur schreit förmlich nach Hilfe. Mutter... Mama... ein Wort, mit dem ich mich identifiziere,... Aber auch ein Wort, welches ich lange verabscheut habe...“

Am Ende eines Freewrites hast du eine „Straßenkarte" deiner Gedanken und Gefühle.

Unsere Gedanken springen gerne von A nach C um dann über eine Erinnerung zur nächsten, irgendwann bei F zu landen. An meinem Freewrite kannst du gut die Themen erkennen die mich zu dieser Zeit beschäftigt haben und es hat mich zu einem sehr persönlichen Thema meiner Kindheit geführt. Das Verhältnis zu meiner Mutter. Ich habe ich mich dazu entschlossen, auch die restlichen Worte zu veröffentlichen. Aus zwei Gründen:

1. möchte ich dir mit meiner Offenheit zeigen, dass es in Ordnung ist emotional zu sein. Es ist OK, seine Gefühle zu zeigen und zu ihnen zu stehen (auch in der Öffentlichkeit). Es ist keine Schwäche emotional und sensibel zu sein. Im Gegenteil, seinen Gefühlen Ausdruck zu verleihen ist ein Zeichen von Stärke. Meine Sensibilität wurde oft von meinen Bezugspersonen verschmäht, abgewertet und ins Lächerliche gezogen. Heute bin ich Stolz darauf sensibel zu sein und um noch eins „drauf zu setzen" ich bin sogar Hochsensibel! Ich möchte dir mit meiner eigenen Geschichte zeigen, das der Schmerz aus unserer Kindheit und Jugend sich durch unser ganzes Leben ziehen kann. Er beeinflusst uns in unseren Gefühlen, Entscheidungen, Beziehungen und in unserer Wahrnehmung. Unsere Kindheit und die damit verknüpften Gefühle ziehen sich wie ein roter Faden durch

unser Leben und machen uns schließlich zu dem Menschen der wir heute glauben zu sein. Es heißt im Volksmund: "Die Zeit heilt alle Wunden". „Zeit" an sich kann keine Wunden heilen. „Zeit", wie wir sie kennen wurde von uns Menschen zur Orientierung eingeführt und existiert im Grunde nicht wirklich. Das einzige was "Zeit" bewirken kann ist, unsere Wunden zu Narben werden zu lassen. In diesen Narben aber lebt der Schmerz weiter und „arbeitet" täglich unbemerkt in uns. Er frisst unsere Lebensenergie, sorgt für Krankheiten und weiteren Schmerz. Manchmal wird der Druck so groß und eine Narbe reißt. Dann sind plötzlich alle Emotionen wieder an der Oberfläche und wir fühlen uns wie damals, als uns diese Wunde zugefügt wurde. Wenn wir uns aber bewusst unserem Schmerz stellen. Wir freiwillig unsere Narben öffnen. Sie vom Schmerz säubern. Sie mit unserem Mut desinfizieren und ihr unseren Verband des Vertrauens anlegen. Wenn wir uns liebevoll um unsere Wunden kümmern, dann können diese heilen und wir werden buchstäblich mit einer neuen Haut belohnt.

2. ist die Veröffentlichung meines Freewrites ein wichtiger Schritt auf meinem eigenen Heilungsweg.

FREEWRITE ZU "MUTTER"

Mutter... Mama... Ein Wort, mit dem ich mich identifiziere. Aber auch ein Wort, welches ich lange verabscheut habe. Ein Wort, das ich seit Jahren nicht mehr für dich über die Lippen gebracht habe. Mama... Ich bin eine Mama... Eine Mutter... Und ich weiß wie es sich anfühlt meine Kinder zu lieben. Du trägst diesen „Titel", aber in deinem Herzen bist du erfroren. Gefangen in deinem eigenen Schmerz. Diesen Schmerz hast du mich mein ganzes Leben spüren lassen. Mama... Eigentlich der Inbegriff von Liebe. Die Ur-Liebe selbst. Die Person, die bedingungslos liebt und ihre schützende Hand über ihr eigen Fleisch und Blut hält, egal was auch passiert. Der Schoß einer Mutter...ein Anker für fast jedes Kind...Schutz...ein Zufluchtsort. Nicht für mich. Die Wölfin im Schafspelz mit der Zuckerdose in der Hand trifft es da eher. Aber Ich habe deine Masken durchschaut und die deiner Gefährten. Ich bin mutig ausgestiegen aus dem Teufelskreis eurer Gewalt. Habe laut gebrüllt ohne viele Worte. Das Gift, welches ihr mir täglich injiziert habt, löst sich mit jedem Tag mehr auf. Ich trage euer „Erbe" nicht weiter. Ich habe keine Schuldgefühle mehr und ich kann in den Spiegel schauen, ohne dich in mir zu sehen. Ich bin eine Mutter, die gelernt hat zu lieben, ohne jemals Liebe von außen erfahren zu haben. Ich habe gelernt meinen Schmerz zu heilen. Ihr habt versucht mich zu zerstören, als ich mich aus euren Fesseln befreit habe. Aber ich bin immer wieder aufgestanden und habe alle eure Attacken abgewehrt. Denn was ihr mir in meiner Kindheit eingetrichtert habt, war eine Lüge. Ich bin stark! Ich bin genauso stark Nein! zu sagen, wie ich stark war euren täglichen Wahnsinn zu ertragen. Ihr wolltet mich am Boden sehen, weil euer eigener Schmerz euch am Boden hält. Ich war nie gut genug für euch, weil ihr euch selbst als nicht gut genug empfindet. Ihr habt mir Schmerzen zugefügt um euren eigenen Schmerz nicht fühlen zu müssen. Aber wie heißt es so treffend in der Bibel? "... Vergib ihnen, denn sie wissen nicht was sie tun..." Ich war lange der Ansicht, diese Grausamkeiten nie verzeihen zu können. Aber ich bin gewachsen und verstehe nun das „Warum".

WAS IST EIN CLUSTER?

Im Clustering lassen wir unsere Innenwelt sprechen. Das Cluster-Verfahren wurde von Autorin Gabriele L. Rico entwickelt und beruht auf Erkenntnissen aus den Neurowissenschaften.

Ein Cluster startet immer mit einem Kernwort oder Kernthema, welches mittig auf ein Blatt Papier geschrieben und eingekreist wird. Für unsere "Zwecke" ist es sinnvoll gleich mit Kernwörtern oder Themen anzufangen, von denen wir wissen, dass sie uns triggern könnten („triggern" ist ein Begriff, der aus dem engl. Sprachraum kommt und bedeutet in etwa „auslösen". Erinnerungen und die damit verbundenen Gefühle werden durch bestimmte Worte, Situationen und dem Verhalten von anderen Menschen, ausgelöst.) wie z.b. Angst, Schmerz, Wunden, Familie, Kindheit, Jugend, Wut, Hass, Eifersucht, Liebe, Selbstbewusstsein etc. Um dann mit dem Ergebnis weiterzuarbeiten. Natürlich kann man auch mit weniger brisanten Kernwörtern anfangen und kommt dann z.b. von dem Wort "Eis" zu der "gefühlskalten Großmutter". Aber warum Umwege gehen, wenn es auch den direkten Weg gibt. Richtig?

Beim Clustern sollten wir möglichst ungestört sein und den Alltags-Stress um uns herum für einen Moment "abschütteln" können. Mach es dir mit einer schönen Tasse Tee (oder Kaffee) gemütlich und atme ein paarmal tief ein und aus. Wenn du soweit bist, nimm dir dein Notizbuch zur Hand und wähle ein Kernwort oder Thema aus, worüber du mehr wissen möchtest. Dann schreibst du dieses Wort mittig auf und kreist es ein. Nun werden von der Mitte aus Assoziationsketten gebildet. Diese entstehen, wenn du jeden Gedanken, jedes Gefühl, Bild, Vision oder Erinnerung mit einer Linie von deinem Kernwort aus aufschreibst und dieses dann ebenfalls einkreist. Was dir jetzt zu diesem "neuem Wort" alles in den Kopf gesprungen kommt, schreibst du ebenfalls mit kleinen Linien von diesem aus auf. Das ganze setzt sich fort bis keine "Einfälle" mehr zu der jeweiligen Gedankenkette kommen. Dann fängst du wieder bei deinem Kernwort an und beginnst eine neue Assoziationskette.

Manchmal geht dieser Prozess blitzschnell und ein Gedanke nach dem anderen schießt dir durch den Kopf und will raus. Halte dich in diesem Fall bitte nicht mit den einzelnen Linien und Ketten auf (wo du denn nun welches Wort oder Gedanken platzieren sollst) das ist in diesem Moment völlig egal, lass die Wörter einfach raus, auch wenn es noch so chaotisch aussieht.

CLUSTER BEISPIEL

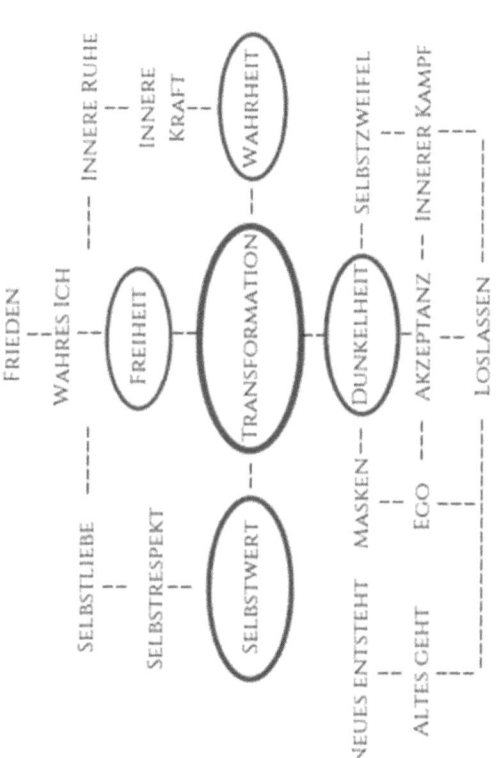

WAS IST EIN "PEN-PORTRAIT"?

Ein "Pen Portrait" ist ein engl. Ausdruck für eine mit Stift (Pen) "gezeichnete" Porträt Beschreibung eines Charakters. Um eine Charakter-Figur mit Worten zu "zeichnen" braucht es eine gute Beobachtungsgabe.

In den Pen Portrait Übungen wird deine Wahrnehmung geschärft, mit dem Ziel zwei "Eigenporträts" zu fertigen. Eines zum Anfang der Challenge, so wie du dich zu Beginn selbst wahrnimmst. Und eines zum Ende der Challenge, welches die beste Version deiner Selbst repräsentiert. Dein wahres Ich.

WAS SIND "MORNING PAGES"?

Morning Pages sind ein hervorragendes Werkzeug um in den Kontakt mit unserem Unterbewusstsein zu kommen. Warum ist das so wichtig? Unser Tagesbewusstsein macht nur etwa 5 % unseres Gesamtbewusstseins aus, die restlichen 95 % bestimmt unser Unterbewusstsein. Wir können das Unterbewusstsein mit einem Computer vergleichen, der alles in uns und um uns herum ohne einen Filter abspeichert. Unser Tagesbewusstsein dagegen besitzt einen "Filter". Diesen nennen wir Logik und mit ihm können wir Informationen, Situationen etc. Hinterfragen und in positiv, neutral oder negativ einkategorisieren. Unser Unterbewusstsein kann nichts hinterfragen, es speichert einfach alles an Informationen ab. Tag und Nacht. Zu jeder Zeit. Es schläft nie. Selbst wenn unser Tagesbewusstsein aktiv ist, läuft unser Unterbewusstsein im Hintergrund weiter und bewahrt uns im Wachzustand vor Überforderung, indem es den Großteil an Informationen, die jede Sekunde auf uns einströmen, aufnimmt. Nur ein Bruchteil dieser Eindrücke gelangt in unser Tagesbewusstsein, wo wir diese dann mit unserem Verstand "bearbeiten" können.

Sämtliche Erfahrungen die wir seit unseren ersten Luftzügen auf dieser Erde gemacht haben, sickern in den unbewussten Teil unseres Bewusstseins. Alles an Emotionen, Gefühlen, Gedanken, Informationen, Situationen, Erlebnissen, Überzeugungen, Gedankenschablonen, Glaubenssätze, etc. egal, ob positiv oder negativ werden im Unterbewusstsein gespeichert und beeinflussen unser Verhalten, unsere Gedanken, Gefühle, Entscheidungen und unsere Wahrnehmung. Wir können die Welt nicht neutral oder objektiv betrachten. Wir werden gesteuert von unserem Unterbewusstsein und sind das Ergebnis aller bereits gemachten Erfahrungen in unserem Leben, ob wir dies wollen oder nicht. Es wird Zeit, all den falschen „Programmen" die uns daran hindern unser volles Potenzial auszuschöpfen, auf die Spur zu kommen und die "Reset" Taste zu drücken. (Mehr dazu in "Die Wunden unserer Kindheit")

Morning Pages können uns helfen diese abgespeicherten "Programme" ausfindig zu machen. Indem wir die kurze Übergangszeit von Schlafphase (in der unser Unterbewusstsein im Vordergrund aktiv ist) zum Wachzustand (unser Tagesbewusstsein erwacht und das Unterbewusstsein begibt sich in den Hintergrund) nutzen. In diesem minimalen Zeitfenster haben wir direkten Zugriff auf unser Unterbewusstsein und damit die Möglichkeit Informationen zu erhalten.

DIE METHODE...

...wurde von Autorin Julia Cameron entwickelt und sollte in etwa so ablaufen:

"Piep... Piep... Piep..."... dein Arm wandert automatisch zum Wecker, welcher im Idealfall direkt auf deinem Notizbuch liegt. Nachdem das nervige Piepen endlich Ruhe gegeben hat, greift deine Hand nach Notizbuch und Stift und schreibt alles auf, was durch deinen Kopf spuckt. Wörter, Gedanken, Träume, Gefühle, Musik etc. Ohne nachzudenken, Wort für Wort. Dafür brauchst du kein Licht anmachen und selbst deine Augen können geschlossen bleiben. Es ist egal wie schief und krumm du schreibst, Hauptsache du schreibst.

Um ein bestmögliches Resultat zu erzielen, ist es ratsam (aber nicht zwingend erforderlich) sich für Morning Pages den Wecker auf eine halbe Stunde früher zu stellen als sonst üblich. Denn unser Unterbewusstsein merkt sich für gewöhnlich unseren Schlafrhythmus. Auch sollte dein Notizbuch mit einer freien aufgeschlagenen Seite samt Stift direkt von deinem Schlafplatz aus erreichbar sein. Du solltest es nicht erst aus der Schublade kramen müssen oder gar aufstehen und einen "Such-Marathon" starten.

Morning Pages sind nur effektiv, wenn du "noch nicht wirklich da bist" und das ist in den ersten wenigen Minuten direkt nach dem Aufwachen der Fall.

Wenn du deine Morning Page beendet hast, schlägst du wieder eine freie Seite auf und legst das Notizbuch (ohne dir durchzulesen, was du geschrieben hast) wieder an seinen Platz für den nächsten Morgen.

DIE WUNDEN UNSERER KINDHEIT

Unsere Kindheit erschafft unser erwachsenes Leben. Wir alle sind ein Resultat dieser eigentlich doch schönsten Zeit unseres Lebens. Wir alle werden von klein auf durch unser Umfeld geprägt und die Erfahrungen die wir sammeln machen uns zu dem, der wir heute glauben zu sein. Wenn wir eine schmerzhafte Kindheit durchleben mussten, setzt dies den Grundstein für eine destruktive Zukunft. Schmerzen verschwinden nicht einfach, sie sickern tief in die dunkelsten Schichten unseres Unterbewusstseins und beeinflussen uns von dort aus jeden Tag unseres weiteren Lebens. Erinnerungen entstehen durch Gefühle. Wenn wir Schmerz und Leid erfahren mussten, werden diese Gefühle an die jeweilige Situation gekoppelt und in unserem Unterbewusstsein abgespeichert. Selbst unser Körper kann diese Gefühle speichern. (Körperliche Erinnerungen können in Flashback Situationen auftauchen die fast identisch mit der ursprünglichen Situation sind. Der Körper durchlebt in diesem Moment die Gefühle aus der Vergangenheit noch einmal. Dieses "Phänomen" taucht häufig bei sexuellem Missbrauch in der Kindheit auf.)

Wenn wir als Kinder anstatt Liebe, Fürsorge und Bestätigung; Ablehnung, Demütigung und Gewalt (jeglicher Art) erfahren mussten, wurde damit unser Ur-Vertrauen in uns Selbst und in das Leben, gehemmt und nicht selten erschüttert und zerstört. Der natürliche Drang sich Selbst auszudrücken, hatte meist negative Konsequenzen und wurde mit den eigenen Schmerzen unserer Bezugspersonen bestraft. Wir haben früh eingeimpft bekommen, dass es falsch sei auf unsere eigenen Gefühle zu vertrauen. Das einzige was unserem inneren Kind übrig blieb, war sich "anzupassen". Die Erfahrung von (wahrer) Liebe wurde uns verwehrt. Wir hatten keine liebenden Vorbilder, die uns zeigen konnten was Selbstliebe, Selbstrespekt und Selbstwert ist. Die uns Vertrauen entgegengebracht haben damit wir in Vertrauen zu uns Selbst aufwachsen können. Durch Manipulation wurden wir in unserer Wahrnehmung getäuscht. Das zarte Licht, mit welchem wir auf diese Welt gekommen sind, wurde mit jedem Tag ein Stück mehr zur Dunkelheit. Statt in unseren Gefühlen und Gedanken liebevoll bestätigt zu werden, wurden wir in unserem gesamten Wesen kritisiert. Manipuliert. Und zur Bedürfnisbefriedigung unseres Umfeldes degradiert. Wir waren wie lebendige Puppen die an Fäden hingen und wenn die Puppe nicht so funktionierte, wie ihr Besitzer wollte, dann wurde die Nadel raus geholt und Stich für Stich unsere Lebensenergie geraubt. Wir sind zu Schatten unserer Selbst geworden und glauben den Lügen, die uns eingepflanzt wurden. Das Gift unserer Kindheit tragen wir Tag für Tag und Jahr für Jahr weiter in uns und vergiften uns damit immer wieder aufs neue.

Die versteckte Botschaft, die wir als Kinder bekommen haben, lautet in etwa wie folgt: "du bist hier um meine Bedürfnisse zu befriedigen für etwas anderes bist du nutzlos. Du kannst nichts, du bist es nicht Wert geliebt zu werden, du bist selbst schuld". Die daraus resultierende negative "Programmierung" in unserem Unterbewusstsein lautet in etwa so: "die Bedürfnisse anderer sind wichtiger als meine eigenen. Ich bin nutzlos, ich kann nichts, ich bin nicht gut genug, meine Meinung zählt nicht, meine Gefühle sind mein Feind, ich bin an allem Schuld, ich bin Wertlos, ich hasse mich, ich habe Liebe nicht verdient." Diese „Programmierungen" beeinflussen (unbewusst) unser Leben. Nach diesen handeln wir, treffen Entscheidungen, suchen unsere Partnerschaften aus, unsere Umgebung, Wohnsituation, Arbeit, finanzielle Situation, Menschen mit denen wir unsere Zeit verbringen etc. Wir bauen unser Leben auf diesen "Programmierungen" auf und ziehen im Laufe der Jahre immer mehr negative Erfahrungen in unser Leben, die sich dann ebenfalls zu unseren bereits vorhandenen "Programmierungen" gesellen und diese noch verstärken. "Wie innen so außen" heißt es im Resonanzprinzip. So wie wir (unbewusst) uns selbst sehen, so formen wir (unbewusst) unsere Außenwelt.

Unsere Außenwelt spiegelt unsere Innenwelt

WER IST "SCHULD?"

Wir suchen immer gerne einen "Schuldigen", wenn das Leben nicht so "spielt" wie wir es gerne hätten. Wir geben unserer Situation die Schuld, uns Selbst, unserer Vergangenheit, dem miesen Chef, dem Staat, unseren Krankheiten, der finanziellen Lage, den schlechten Partnerschaften etc. Aber der Schlüssel zu allem liegt in uns Selbst.

Es gibt schlicht und einfach keinen
"Schuldigen"

In welcher Situation wir uns auch befinden, es gibt einen Weg. Den Weg der Veränderung. Wir müssen nur die Verantwortung für unser Leben in die Hand nehmen und aufhören einen "Schuldigen" im Außen zu suchen. Wenn wir uns mutig auf den Weg in unsere Innenwelt machen, dann wird sich auch unsere Außenwelt ändern.

Gleiches zieht Gleiches an

Ein Universelles Gesetz, zu vergleichen mit dem Gesetz der Erdanziehung. Stellen wir uns vor ich bin ein Magnet:

Wenn ich ein negatives Programm in meinem Unterbewusstsein laufen habe das ständig die "Botschaft" aussendet: "die Bedürfnisse anderer sind wichtiger als meine eigenen", dann werde ich immer wieder Situationen in mein Leben ziehen, in denen ich die Bedürfnisse anderer Menschen zu befriedigen habe und meine Eigenen für nicht wichtig erklärt werden. Wenn ich ein "Programm" laufen habe das besagt: "ich bin nichts wert und habe Liebe nicht verdient" dann werde ich mich immer wieder in Partnerschaften wiederfinden, in denen mein Wert nicht erkannt wird, ich nicht respektiert werde und somit auch keine (wahre) Liebe erfahren kann. Wenn ich unbewusst ein "Programm" laufen habe, welches Liebe mit Gewalt assoziiert, dann werde ich mich dementsprechend auch immer wieder in Beziehungen wiederfinden die auf Gewalt basieren. Wenn wir unsere negativen (unbewussten) "Programme" ändern, ändert sich auch unsere Außenwelt.

Wenn wir zu dem Ursprung dieser "Programme" zurückkehren, die schmerzhaften Wunden heilen, die Quelle der Liebe finden und aus dieser strahlen, dann wird sich dieses Strahlen unserer Selbstliebe von ganz allein in unserer Außenwelt zeigen. Dann werden wir automatisch all die liebevollen Dinge und Personen in unser Leben ziehen von denen wir in den tiefen unserer Selbst ohne jeglichen Zweifel überzeugt sind, dass wir sie verdienen.

SELBSTLIEBE..EGOISMUS & NARZISSTEN

Wenn wir uns Selbst lieben, dann werden wir z. b auch einen Partner in unser Leben ziehen der diese Liebe spiegelt (Außenwelt = Spiegel unserer Innenwelt) einen Partner, der sich Selbst liebt und somit überhaupt fähig ist, Liebe weiterzugeben. Ohne Selbstliebe können wir einen anderen Menschen nicht wirklich lieben. Wir können immer nur soviel Liebe geben wie wir sie für uns Selbst fühlen. Liebe ist nicht etwas das von außen auf uns zu kommt, das irgendwo herumschwirrt, den Weg zu uns sucht und sich dabei immer wieder verirrt. Wir selbst sind die Quelle der Liebe. Wir haben alles was wir brauchen in uns. Wenn wir uns aber nicht lieben können, dann ist diese Quelle, mit all dem „Müll" an negativen Programmen, Blockaden, Schmerzen und Ängsten, verschlossen. Welche Liebe sollen wir dann einem anderen Menschen weitergeben können? Wenn jemand davon überzeugt ist, er liebe sich selbst. Sich aber gleichzeitig nicht um seine Gesundheit kümmert, seine Ernährung (Frieden beginnt auf deinem Teller), seinen Körper, seine Bedürfnisse, seine Gefühle, Träume & Wünsche, dann hat dieser jemand mit großer Wahrscheinlichkeit ein negatives „Programm" in seinem Unterbewusstsein laufen, welches Liebe mit Vernachlässigung assoziiert.

Wenn wir uns nicht um uns Selbst kümmern, unsere Gefühle achten und unseren Körper respektieren, dann lieben wir uns auch nicht selbst. Unsere Intuition, die innere Stimme in uns, ist der einzige Schlüssel die Quelle der Liebe zu öffnen.

Selbstliebe ist nicht zu verwechseln mit
Egoismus

Es wird z. B. Immer wieder behauptet Narzissten wären Egoisten und würden sich übermäßig selbst lieben. Egoismus ist keine Form der Liebe. Egoismus basiert auf Angst. Ein Narzisst (egal ob männlich oder weiblich) hat keinen Zugang zu seiner Intuition. Der Weg in seine Gefühlswelt ist wie „abgeschnitten". Ein Narzisst lebt in seinem Kopf, die Kommunikation mit seiner Innenwelt ist ihm nicht möglich. Was ein Narzisst "liebt" ist sein künstlich erschaffenes „Kopf-Ego". Seine Masken, die er peinlichst genau „studiert" hat und mit all seiner Kraft täglich versucht aufrechtzuerhalten. Dafür muss er so von seinem Konstruiertem „Ego-Selbst" überzeugt sein, um überhaupt andere von diesem überzeugen zu können. Er hat gar keine andere Wahl als ein Egoist und nicht selten auch ein Egozentriker zu sein, andernfalls würde sein Kartenhaus bei dem leisesten Lüftchen zusammenfallen.

Liebe entsteht nicht in unserem Kopf. Das Bild, welches wir von „Liebe" erschaffen haben, die Bedingungen welche wir an sie knüpfen kommt einem Tauschgeschäft gleich. Wir glauben Liebe muss einen Grund haben, wir müssten bestimmte „Voraussetzungen" erfüllen, damit wir geliebt werden. Wenn X, Y eintrifft, dann ist es „Liebe".

Das Wort „Liebe" ist nur ein „Label" ein „Etikett" welches uns ein Gefühl zuordnen lässt. Gefühle sind die Sprache unserer Seele. Gefühle sind Energien. So wie unsere Gedanken und alles in uns und um uns herum, in seinem „Grundkern" aus Energie besteht. Die höchste Energie Frequenz, die wir fühlen können ist die:

Bedingungslose

Einheitliche

Liebe (Energie) unserer Seele

Um dies zu erreichen, ist es zunächst nötig in unsere Innenwelt abzutauchen und jegliche Blockaden zu beseitigen, die uns davon abhalten in den Kontakt mit unserer eigenen Seele zu kommen. Die Quelle der Liebe in uns.

Ein Narzisst scheitert schon bei dem ersten Schritt. Ihm ist es nicht möglich aus seinem Verstand, den 5 % seines Tagesbewusstseins auszusteigen und in die restlichen 95 % seines Bewusstseins einzutauchen, um die Blockaden in seinem Unterbewusstsein zu beseitigen, welche zu seinem krankhaft gestörten Selbstbild führen. Weshalb ihm auch nichts anderes übrig bleibt als das Verhalten, die Mimik, Gestik, Gefühle und Emotionen anderer Menschen zu „studieren" um daraus sein „Kopf-Ego" zu erschaffen.

EGO & ICH

Unser Ego, die "Persönlichkeit" mit welcher wir uns identifizieren, entsteht aus all den "Programmierungen" in unserem Unterbewusstsein. Sowohl positiven als auch negativen. Aus dieser Flut an Informationen bilden wir unbewusst unser Ego. Wenn wir dem Wort "Persönlichkeit" einmal auf die Spur gehen: "Persönlichkeit" stammt von dem Wort "Person" welches von dem lateinischen Wort "Persona" abstammt und übersetzt "Maske" bedeutet. Unsere "Persönlichkeit", das was wir zu sein glauben, ist im Grunde eine Anzahl vieler verschiedener Masken. Ein "Produkt" unserer Vergangenheit. Die "Person", die uns im Spiegel anschaut, ist ein Ergebnis ihrer Erfahrungen. Wie viele Masken trägt sie? In wie viele Kostüme steigt sie täglich?

Wir wechseln unsere Kostüme und Masken von Situation zu Situation, je nachdem welche wir grade benötigen. Befinde ich mich in einer Situation wo mein Gegenüber schamlos und unbekümmert über meine persönlichen Grenzen steigt, ich diesem Jemand aber nicht „zu nahe" treten möchte, brauche ich die Maske "Ja sagen und nett lächeln". Aus Angst für mich Selbst einzustehen setze ich meine Maske auf hinter der ich mich "in Sicherheit" fühle. Denn wenn ich in unangenehmen Situationen einfach leise bin, nett lächel und "einverstanden" mit was auch immer mein Gegenüber grade von sich gibt, dann "passiert" mir nichts. Außer der "Botschaft": "jeder kann beliebig über meine persönlichen Grenzen steigen, ich wehre mich nicht", die sich grade auf den Weg in mein Unterbewusstsein macht und dort meine bereits vorhanden negativen „Programme", welche zu meiner ursprünglichen Angst führen, verstärkt. Aber davon merke ich "bewusst" ja nichts. Muss ich nach dieser Situation ein Meeting mit 20 Kollegen halten, brauche ich die Maske "Selbstbewusstsein" um meinen Vortrag kompetent und "selbstsicher" rüber zu bringen. Was sollen meine Kollegen sonst von mir denken? Also wechsel ich schnell die Masken bevor das Meeting beginnt.

Wir haben verlernt "authentisch" zu sein. Solange wir Masken tragen, werden wir auch nicht authentisch sein können, denn dazu müssten wir wissen, wer wir sind, wenn nicht eine Sammlung an Masken und Kostümen die wir unser "Ich" nennen. So oft werden wir dazu angehalten eine "authentische Persönlichkeit" haben zu müssen. Dies wäre gleichzusetzen mit einer "authentischen Sammlung an Masken".

Um wirklich authentisch sein zu können, müssen wir uns die Maske "Selbstbewusstsein" genauer anschauen. Wir assoziieren mit "Selbstbewusstsein" eine "Person" die sagt, was sie denkt. Eine "Person", welche zu ihrer Meinung steht. Die sich von Nichts und niemanden einschüchtern lässt, die laut, mutig und stark ist.

Was sagt uns das Wort "Selbstbewusstsein"?

SELBST – BEWUSST – SEIN

SICH SELBST BEWUSST ZU SEIN

Unter all unseren Masken, steckt unser wahres "Selbst". Wir müssen uns nur "bewusst" werden das wir mehr sind als unser eigen (unbewusst) konstruiertes Ego.Wir sind mehr als ein "Produkt" unserer Vergangenheit. Mehr als ein "Autopilot Programm", welches jeden Tag die gleichen Runden dreht wie am Vortag. Neurowissenschaft bestätigt uns das wir zu über 90 % exakt das gleiche Denken und Fühlen wie am Tag zuvor. Damit reproduzieren wir unsere Vergangenheit immer wieder aufs neue.

Unsere Gedanken & Gefühle von Gestern
bestimmen das Heute und bewirken das
Morgen

Dieser "Teufelskreis" setzt sich solange fort, bis
wir Nein! sagen und im Hier und Jetzt (der einzigen „Zeit" zum Handeln) anfangen unser Leben selbst in die Hand zu nehmen. Um die
beste Version unserer Selbst zu werden. Unser
wahres authentisches Ich!

Die Challenge beginnt
Tag 1

SHOPPING

Dein erster Tag beginnt in einem Schreibwarengeschäft. Besorge dir folgende Dinge:

1. Ein Notizbuch. Aber nicht einfach „irgend eins". Dieses Notizbuch ist dein wichtigstes Werkzeug. Schau dich um, Stöber ein wenig und achte dabei auf dein Bauchgefühl. Bevorzugst du lieber blanke Seiten oder Linierte? Gebunden oder Spiralform? Bunt oder Uni? A5 oder A4? Blätter wenn möglich durch die Seiten und lausche ganz bewusst deinem Gefühl, welches dir am meisten zusagt. Wenn du zufrieden bist, kauf es.

2. Ein zweites kleineres Notizbuch (A6) für unterwegs, welches locker in deine Jeans, Hosen, Anzug- oder Handtasche passt.

3. Ein drittes Notizbuch für deine Morning Pages. Dieses sollte idealerweise A5 und in Spiralform sein.

4. Stift und einen Textmarker in deiner bevorzugten Farbe.

5. Büroklammern & Haftnotizen (Pagemarker)

Nun bist du ausgestattet und kannst dich an deine erste Schreibübung machen.

SCHREIBE DEINEN ERSTEN FREEWRITE

Verkrümel dich dazu in eine "ruhige Ecke" mit deinem Notizbuch. (dem 1. aus deiner Shopping Liste) Entweder Zuhause, im Auto, in der Natur.. Egal wo, Hauptsache du nimmst dir ein paar Minuten Zeit nur für dich. 10 min sollten für den Anfang ausreichen aber setz dich nicht unter Zeitdruck.

Suche dir einen Satzanfang aus den unten stehenden Vorschlägen aus und schreibe ihn in dein Notizbuch. Dann schreibst du spontan auf, was dir dazu in den Kopf gesprungen kommt. Folge deinem Gedankenzug wie unter "Was ist Freewriting?" erklärt. Versuche möglichst keine Pausen beim Schreiben einzulegen, sondern wie ein "D-Zug" durchzuschreiben. Rechtschreibung ist dabei nicht wichtig, lass die Worte "herauspurzeln" wie sie kommen.

Satzanfänge:

Die Wahrheit ist...

Ich wünschte ich hätte ...

Es hat mich überrascht als...

Es war sinnlos, so zu tun...

Vor langer Zeit...

Wenn du fertig bist, atme einmal tief durch. Dann ließ dir deinen Freewrite durch und markiere Sätze und Wörter mit deinem Textmarker die eine emotionale Reaktion in dir auslösen, bildhafte Erinnerungen hervorrufen oder dich zu anderen dir wichtigen Themen bringen.

Tag 2

FINDE DEINE FESTE SCHREIBZEIT

Heute gehen wir deinen typischen 7-Tage-Alltag Schritt für Schritt durch. Jeden einzelnen Tag vom Wecker klingeln bis zum Gute-Nacht-Gedanken. Nimm dir dein Notizbuch zur Hand und zeichne eine Tabelle mit den Wochentagen und deinen persönlichen Zeitblöcken. Dann schau wo, wann und an welchen Tagen du ca. 30 – 60 min ungestörte Zeit nur für dich alleine einbauen kannst. Notiere dir die Uhrzeiten der einzelnen Tage in deinem Kalender oder Notizbuch.

Sieh deine Schreibzeit als einen festen Termin mit dir selbst an. Die Sorte Termin, die sich nicht verschieben lässt!

Wenn du deine Schreibzeit gefunden hast, nimm dir ca. 10 min (egal wo) und schreibe einen kurzen Freewrite mit folgendem Satzanfang:

```
Zum ersten Mal seit langem …
```

Tag 3

IN DEINER FESTEN SCHREIBZEIT...

...stehen 2 Freewrites auf dem Programm. Für den ersten nimmst du dir den Freewrite von Tag 1 zur Hand. Suche dir ein Wort oder Satz aus, welcher dich anspricht. Schreibe diesen als deinen Satzanfang auf eine neue Seite in deinem Notizbuch. Dann folge wieder deinem Gedankenzug.

Wenn du fertig bist, atmen. Lies dir deinen Text durch und markiere wieder Wörter und Sätze die dich emotional bewegen. Dann suchst du dir daraus einen erneuten Satzanfang aus und schreibst deinen zweiten Freewrite. Wenn du mit diesem fertig bist, kommt dein Textmarker nochmal zum Einsatz und markiert alles was für dich wichtig ist.

Tag 4

IN DEINER FESTEN SCHREIBZEIT...

...clustern wir zusammen. Lies dir dazu "Was ist Clustering?" durch und wenn du soweit bist, such dir ein Kernwort aus den unten stehenden Vorschlägen aus und schlage eine frische neue Seite in deinem Notizbuch auf.

Kernwörter:

Familie, Recht, Rivalität, älter werden, Konflikt, Angst, Wut, Einsamkeit, hoffnungsvoll, Verzeihen, Eifersucht, Haus, Fotoalbum, Musik, Geld, Verbindung, Glaube, Verpflichtungen, Kindheit, Schuld, gefroren, Ablehnung, Schmerz, Träume, Freiheit

Wenn du fertig bist, Augen zu und atmen. Dann schau dir dein Cluster an und markiere wieder alles, was signifikant für dich ist.

Tag 5

NOTIZBUCH UNTERWEGS FÜTTERN

Heute weihen wir dein 2. Notizbuch für Unterwegs ein. Also Kram es aus der Tüte in der es geduldig die letzten Tage gewartet hat, statte es mit Stift, Haftmarkern und ein paar Büroklammern aus und pack es zu Handy, Schlüssel und Portemonnaie.

Auf geht´s!

Unser Motto für heute lautet: "Augen und Ohren offen halten" und alles notieren was Unterwegs deine Aufmerksamkeit findet. Das können Wörter oder Sätze sein die dich auf Werbetafeln, Zeitungen, Flyern etc. "ansprechen", Gesprächszipfel die du beim vorbeigehen aufschnappst, Mitmenschen und Situationen die dir begegnen, plötzliche Bilder, Visionen und Ideen die dir in den Kopf springen, Lyrics im Radio, Gefühle die dich im Laufe des Tages überkommen, etc. Alles was auf irgendeine Art und Weise deine Aufmerksamkeit findet, gehört heute in dein Notizbuch. Mach dir kurze Stichpunkte, wenn du nicht die Zeit für Sätze hast. Das dauert nur ein paar Sekunden und hilft dir dich später zu erinnern. Wenn uns etwas einfällt und wir denken "Oh ja das muss ins Notizbuch" aber notieren es nicht in genau der Sekunde in der wir es denken, dann vergessen wir es schnell. So geht Wichtiges, worauf unser Unterbewusstsein uns möglicherweise hinweisen will, verloren.

IN DEINER FESTEN SCHREIBZEIT...

... suchst du dir einen Satzanfang aus und schreibst einen Freewrite.

Satzanfänge:

Mein Leben ist…

Deine Worte …

Wenn ich die Zeit zurückdrehen
könnte, würde ich…

Freiheit bedeutet für mich…

Wenn ich könnte, würde ich dir
folgendes sagen…

Als ich ein Kind war…

Die Wahrheit ist…

Ich wünschte ich hätte…

Alles begann…

Tag 6

- Notizbuch Unterwegs Füttern

IN DEINER FESTEN SCHREIBZEIT...

...ist es Zeit für einen "freien" Freewrite ohne vorgegebenen Satzanfang. Also, wieder in deine "ruhige Ecke" verkrümeln und dein Notizbuch nicht vergessen.

Jetzt schreibe ohne nachzudenken, das erste Wort welches in deinen Kopf gesprungen kommt auf. Dir fällt nichts ein? Gut. Dann schreibe die Worte" Mir fällt nichts ein..." Das ist komisch? OK. Dann schreibe die Worte "Das ist komisch..." solange, bis ein anderes Wort aus deinem Stift geschrieben kommt und der Gedankenzug seinen Lauf nimmt.

Wenn du fertig bist: Gut gemacht! Und jetzt atme. Dann ließ dir deinen Freewrite durch und markiere wieder alles was dich emotional bewegt.

Tag 7

- Notizbuch Unterwegs Füttern

IN DEINER FESTEN SCHREIBZEIT...

...Herzlichen Glückwunsch! Die 1. Challenge Woche ist fast vorbei. Heute füttern wir dein "großes" Notizbuch mit noch mehr Ideen und Visionen. Dazu brauchst du ein paar Zeitungen, Prospekte, Broschüren, Kataloge oder Flyer. Kram einfach alles zusammen an "gedrucktem" was du finden kannst. Schere zur Hand und Los geht´s!

Blätter alles nacheinander durch und was deine Aufmerksamkeit findet, schneidest du aus und heftest es in dein Notizbuch (Jetzt kommen mal die Büroklammern zum Einsatz) das können Bilder von Personen sein, Wörter oder Sätze die dich ansprechen, Orte, Landschaften, Berichte, Anzeigen, Jobangebote etc. Sammel einfach alles was dir buchstäblich "ins Auge springt" und denke nicht darüber nach, ob es "Sinn" ergibt. Wenn etwas deine Aufmerksamkeit erregt, dann hat dies auch seinen Grund.

Tag 8

- Notizbuch Unterwegs Füttern

IN DEINER FESTEN SCHREIBZEIT...

...komm mit mir in den Wald und such dir ein ruhiges Plätzchen wo du mit deinem Notizbuch ganz alleine bist. Schließe für einen Moment die Augen und atme langsam ein und aus. Ein paar mal hintereinander. Lass die frische Luft durch deinen Körper zirkulieren. Jetzt konzentriere dich auf deinen Hörsinn. Was hörst du? ... den Wind, der durch die Blätter huscht? Das Knacken der Äste? Den Specht, der am Baum klopft? Das Krähen der Raben? Öffne deine Augen und schreibe alles auf, was du hörst.

Wenn du fertig bist, lass dich noch einmal von den Geräuschen der Natur umhüllen und horche dabei in dich hinein. Was fühlst du? Wie fühlt es sich für dich an, hier an diesem Ort zu sein? Schreibe deine Gefühle auf. Wenn du fertig bist, mach einen kleinen Spaziergang und konzentriere dich darauf, was du siehst. Schau dir deine Umgebung einmal genauer an, schlüpfe in die Rolle eines Forschers der mit „Adleraugen" allen Details auf der Spur ist. Was siehst du? Schreibe deine "Forschungsergebnisse" in dein Notizbuch.

Wenn du fertig bist, machen wir ein kleines Experiment.

Berühre einen Baum. Auch wenn es dir vielleicht komisch vorkommt (du bist allein, dich sieht keiner) wie fühlt er sich an? Fühlst du die Unebenheiten der Rinde unter deinen Fingern?.. Bewege deine Hand langsam ca. 1 cm von dem Baumstamm weg und dann wieder langsam hin. So das deine Handfläche fast den Stamm berührt, aber sie berührt ihn nicht. Langsam Richtung Baumstamm und wieder zurück. Konzentriere dich dabei auf deine Handfläche. Was fühlst du? Wird es warm in deiner Handinnenfläche? Oder kribbelt es leicht auf deiner Haut? Was du da spürst ist das Energiefeld des Baumes. Wie fühlt es sich an etwas zu berühren, ohne dessen Existenz du nicht fähig wärst auch nur einen einzigen Atemzug zu machen? Schreibe auf, wie du dich fühlst.

(Wenn du neugierig geworden bist und dein eigenes Energiefeld spüren möchtest, mache folgendes: Halte deine Hand ca. 1 cm vor eine weiße Wand. Bewege sie langsam Richtung Wand und wieder zurück ohne sie zu berühren. Was du dabei in deiner Handinnenfläche und auf deiner Haut spürst, ist deine Aura, dein Energiefeld. Wenn du deinen Blick dabei intensiv auf deine Hand fokussierst, ist es dir mit ein wenig Übung sogar möglich die Farbe/n deiner Aura ca. 1 cm über deiner Handaußenfläche zu sehen.)

Tag 9

- Notizbuch Unterwegs Füttern

IN DEINER FESTEN SCHREIBZEIT...

...nimm dir dein Cluster von Tag 4 zur Hand und suche dir ein Wort, Satz oder "Thema" aus, welches Dein Kernwort für ein weiteres Cluster wird. Schreibe es in die Mitte einer freien Seite und cluster. Danach suchst du dir wieder ein Wort, Satz oder "Thema" aus dem neuen Cluster aus und schreibst einen kurzen Freewrite.

Wenn du fertig bist, ließ dir deine Cluster und dein Freewrite durch und markiere wieder alles was dich emotional berührt.

P.S. Morgen früh starten wir mit deinen Morning Pages. Lies dir dazu "Morning Pages & die Methode" durch. Dann öffne die erste freie Seite in deinem 3. Notizbuch (Spiralform) und platziere es mit einem Stift direkt in Reichweite deines Bettes.

Tag 10

- Morning Pages
- Notizbuch Unterwegs Füttern

IN DEINER FESTEN SCHREIBZEIT...

...beschäftigen wir uns mit 2 fokussierten Freewrites. Suche dir für beide jeweils einen Satzanfang aus den unten stehenden Vorschlägen von Tag 5 aus und schreibe jeweils einen Freewrite mit min 350 Wörtern.

Mein Leben ist...

Deine Worte ...

Wenn ich die Zeit zurückdrehen könnte, würde ich...

Freiheit bedeutet für mich...

Wenn ich könnte würde ich dir folgendes sagen...

Als ich ein Kind war...

Die Wahrheit ist...

Ich wünschte ich hätte...

Alles begann...

Wenn du fertig bist, ließ dir deine Freewrites durch und markiere wieder alles was dich emotional berührt.

Tag 11

- Morning Pages
- Notizbuch Unterwegs Füttern

IN DEINER FESTEN SCHREIBZEIT...

...beschäftigen wir uns mit der Frage:

Was stört mich an meinem Leben?

Schreibe eine Liste mit all den Punkten die dich an dir selbst und deiner momentanen Situation stören. Was macht dich unglücklich, traurig, wütend oder unzufrieden?

Tag 12

- Morning Pages
- Notizbuch Unterwegs Füttern

IN DEINER FESTEN SCHREIBZEIT...

...erstellen wir ein weiteres Cluster. Aber nicht einfach "irgend eins". Dazu brauchst du dein Notizbuch oder eine blanke DIN A4 Seite. Leg das ganze in Querformat vor dich hin und schreibe folgenden Satz in die Mitte des Blattes:

```
Dinge, die ich Erleben will bevor
           ich sterbe.
```

Umkreise diesen Satz. Schließe deine Augen, atme einmal tief ein und aus. Öffne deine Augen und fang mit Tempo an zu clustern. Wenn du fertig bist, schau dir dein Cluster an und erstelle dir deine "To-Do-before-I-Die" Liste in deinem Notizbuch.

Tag 13

- Morning Pages
- Notizbuch Unterwegs Füttern

IN DEINER FESTEN SCHREIBZEIT...

...schaust du dir deinen Lieblingsfilm an. Aber nicht mit Popcorn und Bier in der Hand, sondern mit Stift und Notizbuch. Es sollte kein "neuer" Film sein sondern einer, den du kennst. Der dich zu Tränen rührt und in dem du selbst schon mitspielen könntest. Unsere Lieblingsfilme gehen uns nah, weil wir sie mit "etwas" in uns selbst assoziieren. Beobachte einmal intensiv die Geschichte deines Lieblingsfilmes. Die Hauptdarsteller, die Kulisse, was ist das „Thema" der Geschichte? Wo kannst du dich selbst in diesem Film wiederfinden? Bist du einer der Darsteller? Ist es ein Teil "Deiner" persönlichen Geschichte? Mit was genau assoziierst du diesen Film? Wie sind deine Gefühle in bestimmten Szenen des Films? Schreibe alles auf, was du beobachtest. Deine Gedanken, Gefühle, Zusammenhänge und Verbindungen zu deinem eigenen Leben. Gibt es ein Happy End? Wie ist das Ende des Films und wie fühlt es sich an für dich?

Erzeugt der Film Wünsche, Hoffnungen oder Träume in dir? Dann schreibe diese in deine "To-Do-before-I-Die" Liste. Wenn du fertig bist, schau dir deine Notizen an und schreibe einen kurzen Freewrite über deine Beobachtungen.

Tag 14

- Morning Pages
- Notizbuch Unterwegs Füttern

IN DEINER FESTEN SCHREIBZEIT...

...füttern wir dein "großes" Notizbuch mit noch mehr Träumen, Wünschen & Hoffnungen. Kram dazu wieder einige Zeitungen, Flyer, Kataloge und ein paar Reiseprospekte zusammen. Mach es dir gemütlich mit einer schönen Tasse Tee und Los geht´s!

Blätter wieder alles nacheinander durch und achte dabei ganz bewusst auf deine Gefühle. Was spricht dich an? Was möchtest du unbedingt in deinem Leben erleben? Möchtest du Reisen? Wohin? Möchtest du an einem bestimmten Ort leben? Wie sieht er aus? Möchtest du dich anders Kleiden? Dann geh auf Schnippel-Shopping-Tour! Möchtest du ein besonderes Auto fahren? Such dir eins aus! Sehnst du dich nach einem Partner? Stöbere in den Bildern und Anzeigen nach deinem Traumpartner. Wenn du ihn/sie gefunden hast, betrachte das Bild oder die Worte der Anzeige und finde heraus, was genau ihn/sie zu deinem Traumpartner macht. Was strahlt das Bild oder die Anzeige aus? Schreibe auf welche Attribute dich faszinieren, welche Merkmale und Eigenschaften dein "Traumpartner" haben soll.

Wenn du fertig bist und das Schnipsel-Chaos beseitigt hast, schau dir deine "Schätze" noch einmal in Ruhe an. Schließe deine Augen und visualisiere deine Wünsche so intensiv, dass du sie emotional und körperlich fühlen kannst.

Das Geheimnis zur Erfüllung deiner Wünsche?

Das Gesetz der Anziehung. Gleiches zieht Gleiches an. Unsere Gedanken sind Energien, die auf einer bestimmten Frequenz schwingen. (Siehe Abb. Unten) Wenn ich einen Gedanken der auf Angst basiert aussende, entspricht dies einer niedrigen Frequenz. Dieser Gedanke kommt als diese niedrige Frequenz wie ein Bumerang zurück in mein Leben. Ich sende eine Angst-Energie in Form meines Gedankens aus und erhalte eine Energie, die auf der gleichen Frequenz schwingt in Form einer Manifestation zurück (z.b. eine angsteinflößende Situation oder das „wahr werden" meiner Angst) Ein simples Beispiel: Ich habe Angst zu spät zu einem Termin zu kommen. Ich fühle die Hektik und den Zeitdruck in mir und meine Gedanken wiederholen den gleichen Satz am laufenden Band: „Ich komme zu spät... Ich komme zu spät...„ Und was passiert? Ich stürme aus dem Haus, springe ins Auto, eine rote Ampel nach der anderen und ein „Sonntagsfahrer" vor mir ist die Verkörperung der Ruhe selbst. Ich fluche und fluche, keine Möglichkeit zum Überholen und komme natürlich zu spät zu meinem Termin. Wir alle kennen diese unglücklichen Aneinanderreihungen von „Zufällen". Nur das es keine „Zufälle" gibt. „Zufall" ist nur ein weiteres „Etikett" welches wir Situationen geben, die wir mit unseren 5 % an Tagesbewusstsein nicht in Logik bringen können. Eine Energie ist uns „Zu" ge"fall"en die wir mit unserem Verstand nicht anders zuordnen können.

Dein Leben, so wie es jetzt in diesem Moment aussieht, ist eine Manifestation aus der Kombination deiner Gedanken, Gefühle und Aktionen. Die „Programme" in deinem Unterbewusstsein kontrollieren deine Gedanken & Gefühle und somit auch deine täglichen Schritte. In dem Maße wie wir die Macht haben, niedrige Frequenzen (negatives) in unserem Leben zu manifestieren, haben wir auch die Macht positives in Manifestation zu bringen. Dafür müssen wir nur unsere eigenen Energien (Gedanken, Gefühle & Aktionen) auf das entsprechend höhere Level bringen, welches mit der Frequenz übereinstimmt, welche wir in unser Leben ziehen wollen. Mit unserer Vorstellungskraft haben wir ein wichtiges Instrument um unsere Wünsche zu visualisieren. Das visualisieren ermöglicht uns, diese Wünsche zu fühlen. Indem wir mit unseren Gedanken (Vorstellungskraft) quasi in unseren Wunsch „hineingehen" und emotional fühlen, wie wir uns fühlen würden, wenn dieser Wunsch jetzt in diesem Moment Realität wäre, erhöhen wir unser Energie Level. Dieses intensive Gefühl in Kombination mit der visuellen Gedankenkraft und aktiven Schritten in Richtung deines Wunsches, erzeugt die benötigte Energie Frequenz, welche zur Manifestation führt.

Gedanken + Gefühle + Aktion = Manifestation

Alle drei Bereiche müssen auf dem gleichen höheren Energie Level schwingen wie das Ergebnis, welches wir uns wünschen. Wenn ich mit meiner Vorstellungskraft meine Wünsche visualisiere, aber gleichzeitig ein „Programm" in meinem Unterbewusstsein laufen habe, welches die Botschaft aussendet: „Ich bin es nicht wert", dann führt dies zu einer niedrigen Frequenz meiner Gefühle. Vielleicht fühle ich für einen kurzen Moment die Visualisierung, aber dieses positive Gefühl wird schnell von den Wunden in meinem Unterbewusstsein überschattet, was mich wiederum von den ersten aktiven Schritten Richtung Veränderung abhält und damit wird eine Manifestation meines Wunsches recht unwahrscheinlich. Im Gegenteil, die Botschaft die mein Unterbewusstsein aussendet, manifestiert sich weiter in meinem Leben.

Deine Wünsche können zu deiner Realität werden, wenn du intensiv mit deinen Gedanken, Gefühlen & Aktionen daran arbeitest. Blockaden, die dich hindern aus dem Weg räumst und gleichzeitig Vertrauen in deine Fähigkeiten entwickelst.

Hefte deine Schatzsammlung in dein Notizbuch und visualisiere ab heute täglich 10 min deine Wünsche so intensiv, das du sie emotional und körperlich spüren kannst.

ENERGIE LEVEL FREQUENZEN
UNSERES BEWUSSTSEINS

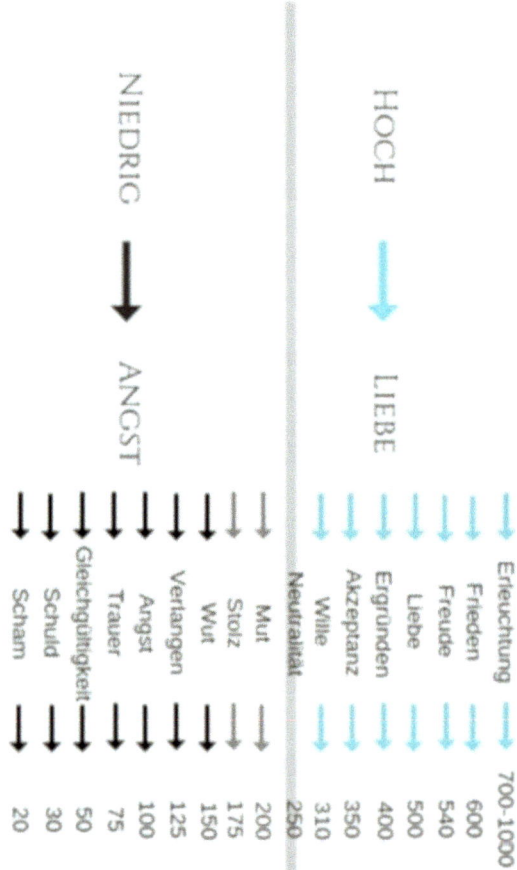

HOCH		
	Erleuchtung	700-1000
	Frieden	600
	Freude	540
LIEBE	Liebe	500
	Ergründen	400
	Akzeptanz	350
	Wille	310
	Neutralität	250
	Mut	200
	Stolz	175
	Wut	150
	Verlangen	125
ANGST	Angst	100
	Trauer	75
	Gleichgültigkeit	50
	Schuld	30
NIEDRIG	Scham	20

Tag 15

- Morning Pages
- Notizbuch Unterwegs Füttern
- 10 min Wünsche Visualisieren

IN DEINER FESTEN SCHREIBZEIT...

...ruft die Natur. Schnapp dir dein Notizbuch und ab nach draußen. Such dir wieder einen ruhigen Platz nur für dich allein.

Dann schließe die Augen und atme tief ein und aus. Lass den frischen Sauerstoff durch deinen Körper zirkulieren und konzentriere dich ganz auf die Geräusche um dich herum. Schreibe auf, wie du dich in diesem Moment fühlst. Wie geht es dir? Wie fühlt es sich an zu schreiben? Was waren die Höhen und Tiefen der letzten Tage? Wie fühlt sich dein Herz an? Schreibe alles möglichst detailliert auf.

Tag 16

- Morning Pages
- Notizbuch Unterwegs Füttern
- 10 min Wünsche Visualisieren

IN DEINER FESTEN SCHREIBZEIT...

...finden wir die "Traum-Kulisse" deines Lebens. Dazu brauchst du deine beiden Notizbücher, Morning Pages, die "To-Do-Before-I-Die" Liste und deine Notizen von Tag 11. Stöber alles bewusst durch, auf der Suche nach deiner perfekten "Kulisse". Lies dir deine Notizen von Tag 11 noch einmal genau durch und frage dich folgendes: Wie würde mein Leben aussehen, wenn ich die Möglichkeit hätte den Pinsel in die Hand zu nehmen und es mit den hellsten & schönsten Farben der Welt zu malen?

Wo würdest du leben? Auf dem Land, an der Küste, in den Bergen, oder vielleicht doch lieber im Ausland? Bevorzugst du ein Haus oder eine Wohnung? Vielleicht sogar ein minimalistisches Tiny House? Oder gar ein Hausboot? Reist du um die Welt in einem Caravan oder eroberst du die Wellen des Meeres auf einem Segelboot? Wie sieht der perfekte Ort zum Leben für dich aus wenn Geld oder äußere Umstände absolut keine Rolle spielen würden und es einzig und allein um DICH & DEINE Wünsche geht? Wenn du eine Vision deiner "Bühne des Lebens" vor deinem geistigen Auge sehen kannst, schreibe sie so detailliert wie möglich in dein Notizbuch. Beginne mit:

Ich lebe...

Tag 17

- Morning Pages
- Notizbuch Unterwegs Füttern
- 10 min Wünsche Visualisieren

IN DEINER FESTEN SCHREIBZEIT...

...machen wir wieder ein kleines Experiment. Notizbuch startklar? Dann los. Schließe deine Augen für einen Moment und denke über den Raum oder Ort, an dem du dich in diesem Moment befindest nach. Visualisiere deine Umgebung vor deinem geistigen Auge. Welche Dinge und Details siehst du? Wie wäre dieser Ort in einer Geschichte beschrieben? Mach dir eine mentale Notiz. Dann öffne deine Augen und ohne dich umzuschauen, schreibe deine Vision auf. Was hast du gesehen?

Wenn du fertig bist, schau dich mit intensivem Blick um und schreibe einen kurzen Abschnitt über den Ort, an dem du dich befindest. Finde dabei min. 3 Dinge oder Details, die dir in deiner Vision nicht aufgefallen sind.

Tag 18

- Morning Pages
- Notizbuch Unterwegs Füttern
- 10 min Wünsche Visualisieren

IN DEINER FESTEN SCHREIBZEIT...

...schauen wir uns deine Morning Pages an. Lies dir Seite für Seite in Ruhe durch und markiere Wörter, Sätze, Träume etc. die dir auffallen. Behalte dabei im Hinterkopf das deine Morning Pages aus deinem Unterbewusstsein entstehen und dir sehr wichtige Hinweise geben können. Unser Unterbewusstsein spricht in Bildern und unsere Träume sind ein Kommunikationskanal.

Online hast du die Möglichkeit Traumsymbole zu deuten, dies kann dir helfen Aspekte deines Lebens besser zu verstehen. Wenn dir Tiere im Traum begegnen, lohnt sich auch ein Blick in die Krafttiersymbolik.

Wenn du fertig bist, suche dir 3 "Themen" die dir besonders in deinen Morning Pages aufgefallen sind heraus und fertige jeweils ein Cluster und einen Freewrite an.

Tag 19

- Morning Pages
- Notizbuch Unterwegs Füttern
- 10 min Wünsche Visualisieren

IN DEINER FESTEN SCHREIBZEIT...

...lade ich dich auf einen Kaffee ein. Schnapp dir dein Notizbuch und geh in ein Café. Wenn das Wetter es zulässt, setz dich nach draußen. Ansonsten möglichst an ein Fenster mit Blick auf die Welt. Während du auf den Kellner/in wartest, schau dich um. Was siehst du? Schreibe alles in dein Notizbuch, was dir an der Umgebung hier auffällt. Dann bestelle dir dein Lieblingsgetränk und einen Kaffee schwarz mit 3 Löffel Zucker für mich.

Nun achte auf die Geräusche die dich umgeben. Schließe, wenn nötig kurz deine Augen, um dich besser konzentrieren zu können. Was hörst du? Notiere alle Geräusche in dein Notizbuch.

Du solltest jetzt in einem guten Beobachtungsmodus sein. Schau dir deine Mitmenschen einmal genauer an. Fallen dir bestimmte Personen auf? Was kannst du in ihren Gesichtern sehen? In ihrer Mimik, ihrem Ausdruck? Wie ist ihre Körperhaltung? Gehen sie geduckt oder gestreckt durchs Leben? Wie ist ihr Körper geformt? Achten Sie auf ihr Erscheinungsbild? Was sagt dir ihre "äußere Hülle"? Welches Leben könnten sie führen? Sind sie "gezeichnet" vom Leben? Was drücken sie mit ihrer Körpersprache aus? Sind ihre Arme in Abwehrhaltung vor der Brust verschränkt? Oder sind ihre

Schultern nach innen gesackt durch die Last der "Steine" die sie täglich tragen? Ragt ihr Kopf gestreckt in die Luft, als würde ein unsichtbares Band ihre Nase nach oben ziehen? Sind sie "schnellen Fußes" unterwegs und vom Leben gehetzt? Oder schlendern sie gemütlich durch die Welt und erfreuen sich an dem Gurren der Tauben?

Suche dir eine Person aus, welche dir besonders auffällt und schreibe ein detailliertes "Pen Portrait" über sie. Sieh dich dabei als einen Künstler und "zeichne" diese Person mit deinen Worten.

Tag 20

- Morning Pages
- Notizbuch Unterwegs Füttern
- 10 min Wünsche Visualisieren

IN DEINER FESTEN SCHREIBZEIT...

...bist du wieder ein Künstler der Worte und schreibst ein "Pen Portrait" allerdings nicht über "irgendeine" Person. Nein, heute "zeichnest" du ein Eigenporträt.

Vom Schock erholt?

Dann schnapp dir dein Notizbuch, stell dich vor einen Spiegel und schau einmal ganz intensiv hin. Was siehst du? Fang mit den "äußeren" Dingen an. Inspiziere dich im Detail, wie deine gewählte Person aus dem Café. Mach dir Stichpunktartige Notizen zu der Person, die du im Spiegel siehst. Was siehst du in ihrem Gesicht? Was sagt dir ihr Ausdruck, ihre Mimik? Was sagen ihre Augen? Wie ist ihr Körper gebaut? In welcher Körperhaltung fühlt sie sich am wohlsten und sichersten? Was fühlt die Person im Spiegel? Welches Leben lebt sie?

Wenn du fertig bist, atme einmal tief ein und aus. Du machst das prima! Nun schreibe mit hilfe deiner Notizen ein "Pen Portrait" über die Person im Spiegel.

Tag 21

- Morning Pages
- Notizbuch Unterwegs Füttern
- 10 min Wünsche Visualisieren

IN DEINER FESTEN SCHREIBZEIT...

...machen wir einen Lass-alles-raus-Waldbesuch. Auch wenn es Regnet, stürmt oder schneit. Es gibt kein "schlechtes Wetter" nur schlechte Kleidung. Also, hülle dich in passende Kleidung und ab in die Natur!

Atme die frische Luft tief in dich ein und lass die Welt, Welt sein. Du bist jetzt hier und alles was in diesem Moment wichtig ist, sind deine Gefühle. Suche dir einen Platz wo du ungestört bist und konzentriere dich auf deine Gefühle. Rufe dir alle "Themen" die in den letzten Tagen an die Oberfläche gekommen sind ins Gedächtnis und achte auf deine Gefühle. Ließ dir die Markierungen deiner Freewrites (Erinnerungen) durch und lass deine Gefühle kommen. Wenn du deine Tränen aufsteigen fühlst, dann Weine! Lass alles raus. "Heule" wie ein "Schlosshund", das ist deine Zeit! Spüre deine Gefühle, fühl die Traurigkeit, die Wut und die Enttäuschung. Dann Schrei wie du noch nie in deinem Leben geschrien hast! Schrei!... Schrei deinen ganzen Schmerz der Vergangenheit raus. Schrei deine Hilflosigkeit raus. Schrei dein gebrochenes Herz raus. Schrei die Fesseln der Vergangenheit los.

SCHREI DICH FREI! HIER UND JETZT

Mutter Natur ist für dich da und hält dich in ihren Armen.

Wenn die Sonne scheint, lächelt sie dir
tröstend zu.

Wenn es regnet, weint sie mit dir.

Wenn es stürmt, schreit sie mit dir.

Wenn zarte Flocken vom Himmel fallen,
zaubert sie ein Lächeln auf deine Lippen und
zeigt dir, das alles wieder gut wird.

Tag 22

- Morning Pages
- Notizbuch Unterwegs Füttern
- 10 min Wünsche Visualisieren

IN DEINER FESTEN SCHREIBZEIT...

...werfen wir einen Blick in die Glaskugel. Dazu fertigen wir 2 Cluster und einen Freewrite mit den unten stehenden Worten an.

Ich bin...

Ich wünschte, ich wäre ...

Augen schließen ... Atmen.
Augen öffnen ... los!

Wenn du fertig bist, ließ dir deine Cluster und den Freewrite durch und markiere alle POSITI-VEN Dinge an dir selbst und alle Aspekte und Eigenschaften, die du gerne an dir sehen wür-dest.

Tag 23

- Morning Pages
- Notizbuch Unterwegs Füttern
- 10 min Wünsche Visualisieren

IN DEINER FESTEN SCHREIBZEIT...

...geht der Blick in die Zukunft weiter. Dazu brauchst du deine Clusters und den Freewrite von gestern, die "Schatzsammlung" von Tag 14 und deine "To-Do-Before-I-Die" Liste. Aus diesem Material fertigst du eine Liste an mit allen Eigenschaften, Attributen und Aspekten, die du an dir Selbst gerne sehen möchtest. Von äußerlichen Merkmalen bis zu inneren Werten.

Dann unterteilst du deine Liste in "typisch männlich" und "typisch weiblich". Gibt es eine der "männlich/weiblich" Seiten die überwiegt? Versuche sie ins Gleichgewicht zu bringen. Schaue dir dazu das Ying & Yang Zeichen und dessen Bedeutung an.

Die weiße Seite steht für das Weibliche und die Schwarze für das Männliche. Ein kleiner schwarzer Punkt ist im weißen Feld zu sehen und ein kleiner weißer im schwarzen. Doch was bedeutet diese Symbolik? Sie soll uns daran erinnern, dass sowohl im weiblichen wie auch im männlichen das jeweilige Gegenteil vorhanden ist. Jede Frau trägt auch eine männliche Seite in sich und jeder Mann, eine weibliche. Wenn eine der beiden Seiten überwiegt, ist der Mensch im Ungleichgewicht und lebt somit in Disharmonie mit sich selbst und seinem Umfeld. Der Schlüssel zur inneren (und somit auch äußeren) Harmonie ist es beide Pole (männlich & weiblich) in sich selbst zu vereinen und somit ein Gleichgewicht, eine Balance herzustellen.

Will ich als Frau „stark wie ein Mann" sein, wäre der weibliche Aspekt dazu nicht "schwäche" wie viele meinen, sondern Sanftheit. Erwecke ich als Frau den männlichen Krieger in mir, der stark und furchtlos meine Grenzen schützt und verteidigt, brauche ich auch meine weibliche Seite die mit ihrer sanften Intuition und Kreativität, meinem männlichen Krieger den Weg weist. Unterdrücke ich als Mann meine weibliche Seite, weil diese als "schwach" angesehen wird, schließe ich damit den Zugang zu mir selbst und werde nie mein volles Potenzial ausschöpfen können.

Finde für jeden "männlich/weiblich" Punkt in deiner Liste den Gegensatz und gleiche sie aus.

Tag 24

- Morning Pages
- Notizbuch Unterwegs Füttern
- 10 min Wünsche Visualisieren

IN DEINER FESTEN SCHREIBZEIT...

...fertigen wir ein Eigenporträt deiner "Besten-Ich-Version" an. Dazu brauchst du deine Männlich/Weiblich Liste von Gestern.

Wenn du bereit bist, visualisiere ganz intensiv deine Beste-Ich-Version mit all den Eigenschaften, Merkmalen, Werten, Aspekten und Attributen deiner Liste. Erwecke sie vor deinem geistigen Auge zum Leben und fühle diese Version deiner Selbst in dir. Fühle ihre Stärke, ihre Schönheit, ihre Liebe, ihre Weisheit, ihre Unabhängigkeit, ihre Freiheit. Fühle ihre Macht alles zu erreichen, was sie will. Genieße dieses Gefühl. Das bist du.

Dein wahres Ich

Schreibe diese Version deiner Selbst so detailliert wie möglich in dein Notizbuch. Beginne mit:

Ich bin...

Tag 25

- Morning Pages
- Notizbuch Unterwegs Füttern
- 10 min Wünsche Visualisieren

IN DEINER FESTEN SCHREIBZEIT...

...schreiben wir deine Vergangenheit neu. Dazu brauchst du dein ganzes Material dieser Challenge. Geh alle Freewrites, Clusters, Markierungen, Notizen, Morning Pages ect durch und finde die für dich schmerzhaften Themen deiner Vergangenheit. Lies dir deine Erinnerungen durch und gib jeder einzelnen Erinnerung eine Überschrift. Diese Überschrift schreibst du auf eine jeweils freie Seite in deinem Notizbuch. Du kannst alle Erinnerungen/Themen auf einmal bearbeiten oder dir Zeit lassen und Schritt für Schritt vorgehen.

So wie du deine Wünsche und Träume täglich visualisierst, genauso gehst du in deine schmerzhaften Erinnerungen. Du bist da, in der Situation in der du dich hilflos und schutzlos gefühlt hast. Nun visualisierst du deine Beste-Ich-Version. Die Version deiner Selbst die deinen männlichen Krieger in sich vereint. Dein Krieger hat die Macht deine Grenzen zu schützen und zu verteidigen. Der Krieger in dir besitzt die Kraft alles negative aus deinem Leben zu verbannen.

Visualisiere deinen Krieger

Er ist mutig, furchtlos und steht erhobenen Hauptes bereit sich dem Kampf gegen die "Dämonen" der Vergangenheit zu stellen.

Dein Krieger strahlt Gerechtigkeit aus und begibt sich in deine schmerzhafte Erinnerung. Er ent-mächtigt ALLES und JEDEN der dir Schmerz zugefügt hat. Er setzt sich für dich ein, stellt sich schützend vor dich und lässt jeden um dich herum verstummen. Er kämpft gegen die "Dämonen" und trennt alle schmerzhaften Fesseln dieser Erinnerung.

Schreibe zu jeder Überschrift detailliert auf, was dein Krieger alles unternimmt, um dich zu schützen.

Du brauchst keine Angst mehr vor den Wunden deiner Vergangenheit zu haben. Dein Krieger ist da und gibt dir die Kraft, die du brauchst um weiterzugehen und die Vergangenheit dazulassen, wo sie hingehört. In die Vergangenheit! Sie ist vergangen. Genau genommen existiert die Vergangenheit überhaupt nicht, wir empfinden dies so, weil wir die Fähigkeit zur Erinnerung haben. Das einzige was wirklich existiert ist dieser Moment im Hier und Jetzt. Der Schmerz aus deinen Erinnerungen hat dein bisheriges Leben bestimmt, aber du hast JETZT und HIER in diesem Moment der Gegenwart die Chance Nein! Zu sagen. Nein! Zu dem Schmerz der Vergangenheit. Nein! Zu dem Machtspiel anderer Menschen. Nein! Zu dem Teufelskreis an Destruktivität.

Jedes Nein! Zur "Opferrolle" ist ein JA! Zur
Selbstliebe

Du bist kein Opfer. Hier in der Gegenwart bist
du eine mutige Erwachsene Person, die Macht
hat ihr Leben selbst in die Hand zu nehmen.
Befreie dich aus der "Rolle", die du vor Jahren
eingenommen hast und sage JA! zur Veränderung. JA! zur Transformation.

Jedes JA! zur Selbstliebe ist ein JA! zu einer
Zukunft in der deine Träume
Wirklichkeit werden.

Tag 26

- Morning Pages
- Notizbuch Unterwegs Füttern
- 10 min Wünsche Visualisieren

IN DEINER FESTEN SCHREIBZEIT...

...nähern wir uns dem Ende deiner Challenge. Aber... Last but not least... Du ahnst es vermutlich schon. Ja, richtig! Heute schreibst du Geschichte.

Erwecke deine "Beste-Ich-Version" und deine "Wunsch-Kulisse" zum Leben und schreibe den Anfang deiner Zukunft!

Schreibe im Präsens (Gegenwartsform) und beginne mit:

Mein Name ist...

Ich bin... („Beste-Ich-Version")

Ich lebe... („Wunsch-Kulisse")

Nun baue folgende Sätze mit ein:

Ich liebe mich Selbst.

Ich achte meine eigenen Bedürfnisse.

Ich bin im Einklang mit mir Selbst.

Weiblich & Männlich sind in mir
vereint.

Ich lebe in Freiheit und Harmonie
mit meinem Umfeld.

Mein innerer Krieger schützt und
verteidigt meine Grenzen.

Meine Intuition & Kreativität weist
mir den Weg.

Wenn du fertig bist, lebe deine Beste-Ich-Version auf deiner Bühne des Lebens!

Du hast es verdient.

ENDE DER 26 TAGE CHALLENGE

HERZLICHEN GLÜCKWUNSCH!!!

Du hast eine Menge erlebt die letzten Tage. Gutes wie auch schmerzhaftes. Vieles an verdrängten Gefühlen und Erinnerungen sind in dir aufgekommen und schwimmen nun an der Oberfläche. Das ist gut so. Schau dir deine Gefühle an und schreibe sie auf. Schreibe alles was dich bewegt auf. Wenn neue Erinnerungen in dir aufkommen dann schicke deinen inneren Krieger in den "Kampf" und verändere den Schmerz in etwas das dein bisheriges Leben bestimmt hat aber keine Macht mehr über den Menschen hat, der du jetzt bist.

Die Gefühle deiner Vergangenheit bestimmen nicht deine Gegenwart & Zukunft! Wenn du wütend bist, schreibe deine Wut auf. Dann geh in den Wald und schreie sie raus. Wenn du voller Trauer bist, dann schreibe deinen Schmerz auf und Weine. Du hast das Recht traurig und wütend zu sein. Weinen hat nichts mit "schwäche" zu tun und Wut ist auch kein "schlechtes" Gcfühl. Dies sind falsche Gedankenschablonen, die uns immer wieder von klein auf eingetrichtert wurden. Wut hilft, uns Selbst zu verstehen. Wut basiert auf Angst. Sie kann z. b ein Hinweis darauf sein das wir grade auf dem besten

Weg sind etwas zu akzeptieren was uns "gewaltig" gegen den Strich geht. Wenn du Wut spürst, frage dich, was du dabei bist zu akzeptieren in deinem Leben, das du "eigentlich" gar nicht willst. Dann frage dich: „Was möchte ICH?" Und finde einen Weg dies in deinem Leben umzusetzen. Wut kann auch auftauchen, wenn plötzlich unser Selbstwert an die Tür klopft. Damit signalisiert uns die Wut das wir unsere eigenen Bedürfnisse nicht länger unter den Teppich kehren sollen. Das wir aufhören sollen die Bedürfnisse Anderer über unsere Eigenen zu stellen. Sehr oft meinen wir "keine andere Wahl" zu haben. Weil unsere Welt, Familie, Umfeld, das System in dem wir leben, soziale Verbindungen und die Gesellschaft dieses angepasste Verhalten von uns verlangt. Es verlangt von uns, unsere eigenen Gefühle "hintenan" zu stellen, damit wir so funktionieren wie andere es brauchen. Uns wird vorgeschrieben was wir "dürfen" und was nicht. Wir "dürfen" unseren Pflichten nachkommen die von anderen bestimmt werden. Wir "dürfen" uns für einen Beruf entscheiden, den wir dann leidend ein Leben lang ausführen. Wir "dürfen" heiraten und unser Leben dieser einen Person *Ver-Schreiben* und uns schuldig fühlen wenn wir aus der Beziehung heraus gewachsen sind. Wir "dürfen" Kinder bekommen und das "Vorbild" eines Regelwerkes sein, welches das Überleben eines Systems sichert. Wir "dürfen" in ein Land reisen oder sogar unser "eigen" nennen, welches der Menschheit von (Gott, Allah, Universum, Mutter Natur, Höhere Macht etc.)

gegeben wurde. Wir "dürfen" unsere Kinder in Schulen schicken und damit zufrieden sein was ihnen in ihre Köpfe gepflanzt wird ohne das kleinste Mitspracherecht. Wir "dürfen" starren Gedankenschablonen folgen aber nicht unseren eigenen. Wir "dürfen" uns 24/7 in einem Hamsterrad abstrampeln um einen gewissen "Lebensstandard" aufrechtzuerhalten den unsere Gesellschaft, für wichtig erklärt. Wir "dürfen" jeden Tag über Leben und Tod von Tieren entscheiden aber nicht über unser eigenes.

Wir "dürfen" die einzige Art von Säugetier auf Erden sein, die bezahlen "darf" um zu "leben".

Und was passiert wenn wir aussteigen? Wenn wir uns nicht mehr von anderen Menschen vorschreiben lassen wie unser Leben auszusehen hat? Was passiert, wenn wir anfangen uns Selbst zu suchen unter all den Masken? Im ersten Moment fällt unser sorgfältig aufgebautes Kartenhaus zusammen. Unser Umfeld kann nicht verstehen "was in uns gefahren ist" das wir plötzlich Nein! Sagen und unser Leben selbst in die Hand nehmen. Wir stoßen auf Widerstand. Aber welche Alternative haben wir?

Ist es eine Alternative mit geschlossenen Augen durch die Welt zu laufen und unser Leben in die Hände anderer Menschen zu geben?

Ich denke nicht. Deine Intuition kennt die Antwort darauf.

Der Weg in die Freiheit ist kein Einfacher. Wir werden mit vielen „Dingen" im Innen & Außen konfrontiert. Was uns sehr oft ins pure wanken bringen kann, wie ein Boot auf hoher See. Aber das einzige was du brauchst um jeden noch so gewaltigen Sturm zu überstehen: sind die Segel des Vertrauens. Alles was du brauchst, steckt in dir. Dein Krieger, der dich schützt. Deine Intuition, die dir den richtigen Weg weist. Deine Selbstliebe, die dich nährt mit Lebensenergie. Hab Vertrauen in dich Selbst und vertrau auf Gott, Allah, Universum, Mutter Natur, Höhere Macht ect. (Mit welchem Ausdruck du auch in Resonanz bist) nichts passiert ohne einen Grund. Auch wenn du nicht gläubig bist und Spiritualität „Humbug" für dich ist. Alles was uns begegnet ist wie ein Puzzlestück eines großen Bildes. Jeder Stein auf unserem Weg den wir mutig beseitigt haben, lässt uns wachsen und führt uns ein Stück weiter zu unserem Ziel. Es ist kein einfacher Weg, aber es lohnt sich für die eigene Freiheit zu kämpfen. Es lohnt sich seine Wunden anzuschauen, sie ins Bewusstsein zu holen damit sie geheilt werden können. Es lohnt sich unter all dem „Müll" an Blockaden das eigene Licht zu suchen. Es flackert ganz klein und zierlich in jedem von uns und wartet darauf befreit zu werden.

Welcher Mensch kannst du nächstes Jahr um diese Zeit sein, wenn du heute anfängst?

Es ist nie zu spät auf die Reise zu sich Selbst zu gehen. Mit dieser Challenge bist du den ersten großen Schritt gegangen und ich bin sehr Stolz auf dich. Ich hoffe, du gehst den Weg mutig weiter bis du voll und ganz bei Dir Selbst in Freiheit angekommen bist.

Es war mir eine Herzensangelegenheit diesen Guide für dich zu schreiben und ich hoffe sehr das er dir auf deinem Weg hilft.

P.S. Suche dir noch HEUTE einen Punkt aus deiner "To-Do-Before-I-Die" Liste, den du dir noch in diesem Jahr erfüllst!

Bis Silvester hast du Zeit :)

WENN DU DICH "DOWN" FÜHLST

„Schlechte" Gefühle

Wie gehe ich mit ihnen um? Als erstes:

NIEMANDEM WEHTUN!

AUCH NICHT DIR SELBST!

Wenn wir in die verborgenen Tiefen unseres Selbst tauchen, werden wir mit einem Cocktail an Gefühlen konfrontiert. Es ist wichtig zu verstehen, das deine Gefühle OK sind. Du darfst fühlen. So merkwürdig das auch klingen mag, aber diese Gefühle sind wichtig und sie dienen einem Zweck. Wir haben oft ein falsches Verständnis von Gefühlen. Sie werden von uns in "gut" und "schlecht" eingeteilt. Wir glauben die Gefühle Wut, Traurigkeit, Enttäuschung oder Hilflosigkeit wären "schlecht". Es gibt keine "schlechten" Gefühle. Das einzige was als "schlecht" zu bezeichnen ist, wäre „Nichts" zu fühlen, in diesem Fall hätten wir ein ernsthaftes Problem. Aber solange wir die Fähigkeit besitzen zu fühlen, stehen wir in Kontakt mit unserer Innenwelt. Sich wütend, traurig, enttäuscht oder hoffnungslos zu fühlen ist kein "schlechtes" Gefühl. Wir brauchen diese Gefühle um uns Selbst überhaupt verstehen zu können. Wären diese Gefühle nicht da, hätten wir keine Möglichkeit zu bemerken das "etwas" in uns, nicht stimmig ist. Diese "schlechten" Gefühle sind ein Hinweis auf unsere Wunden. Es ist diese "Gut/Schlecht-Kategorie", die es uns so schwer macht diesen Hinweis zu verstehen und uns auf den Weg nach dem Ursprung zu machen. Deine Gefühle sind die Sprache deiner Seele, deiner Intuition und sie zeigen dir sehr deutlich wo deine "Themen" liegen.

Diese Gefühle existieren, um dich aufzufordern "hinter die Kulissen" zu schauen. Das Ursprungs-Thema, die "Narbe" in der dieser Schmerz steckt, zu finden. Wenn du dich z. B. hilflos fühlst, Frage dich: "warum fühle ich mich hilflos?" "wo hat meine Hilflosigkeit ihren Ursprung?" "in meiner Kindheit?" "welche Situation hat zu dieser Hilflosigkeit geführt?"... Geh auf die Suche nach der Quelle. Dort wo alles angefangen hat. Finde die Situation (Erinnerung) die zu diesem Schmerz geführt hat. Wo hat dieses Gefühl seinen Ursprung? Wenn du die Antworten darauf gefunden hast, steh auf und sage folgende Worte laut zu dir selbst:

Dieses Gefühl ist ein Teil meiner
Vergangenheit.

Es bestimmt nicht meine Gegenwart.

Es hat mir geholfen eine weitere schmerzhafte Wunde zu finden, die ich nun heilen kann.

Meine Vergangenheit hat keine Macht über meine Gegenwart.

Ich bin im Hier und Jetzt.

Ich bin stark meinen Weg der Heilung zu gehen.

Diese Gefühle sind ein Überbleibsel meiner Vergangenheit.

Diese Gefühle bestimmen NICHT! Wer Ich HEUTE bin.

Ich habe die Macht Nein! Zu sagen.

Ich schütze mich Selbst.

Ich ganz allein habe die Macht über mein Leben und ich entscheide mich für Veränderung.

Ich heile meinen Schmerz.

Ich bin die beste Version meiner Selbst.

Ich liebe mich Selbst.

JETZT ist MEINE Zeit.

Wenn du bereit bist, arbeite dich durch die Übung von Tag 25 der Challenge und visualisiere wie dein innerer Krieger diese Erinnerung für dich verändert.

(Wenn du das starke Verlangen verspürst dir selbst oder einer anderen Person wehtun zu müssen: Dann nimm bitte noch heute professionelle Hilfe in Anspruch. Lass Dir Helfen. Du verdienst es! Ich kann aus persönlicher Erfahrung sagen, das es guttut mit jemand Außenstehendes zu reden. Diese Hilfe steht Dir zur Verfügung. Nimm Sie an. Es gibt nichts, wofür du dich schämen musst. Hilfe anzunehmen ist ein Zeichen von Stärke. Lass Dir Helfen. Erste Anlaufstellen findest du weiter unten. Die Mitarbeiter dort sind sehr einfühlsam und du kannst dich auch anonym melden!)

HIER FINDEST DU WEITERE HILFE

Telefon Seelsorge (auch für Männer!)
24/7 Anruf kostenfrei

0800/111 0 111

0800/111 0 222 · 116 123

Bundesweite Hilfetelefon

Gewalt gegen Frauen

08000 116 016

Hilfetelefon

Sexueller Missbrauch

0800 22 55 530

Polizei / Notruf

110 / 112

https://maennerberatungsnetz.de/

(Auch Männer brauchen mal eine helfende Hand)

https://instahelp.de/

Instahelp hilft dir in herausfordernden Lebenslagen

Die Online-Beratung ist komplett anonym

und ohne vorherige Terminvereinbarung möglich

https://www.mentavio.com/

Hotline Mentavio: +49(30) 555 70 88 66

Das Team von Mentavio bietet psychologische Beratung per Webcam, Chat und E-Mail

Es sind über 250 Psychologen im Portal angemeldet . Das Erstgespräch ist kostenlos

AUTORIN

Katja Darkow begleitet und unterstützt Menschen die eine Veränderung in Ihrem Leben bewirken möchten. Als Autorin & Transformations Coach folgt sie Ihrer Berufung und lebt mit Ihren vier Kindern in einer beschaulichen Küstenstadt im Norden Deutschlands.